Eugen Ruckstuhl

Jakobusbrief
1.–3. Johannesbrief

Echter Verlag

CIP-Titelaufnahme der Deutschen Bibliothek

Die *Neue Echter Bibel.* – Würzburg : Echter Verlag
Kommentar zum Neuen Testament mit der Einheitsübersetzung /
hrsg. von Joachim Gnilka u. Rudolf Schnackenburg.
Bd. 17/19. Ruckstuhl, Eugen: Jakobusbrief, 1. [erster] – 3. Johannesbrief. –
2. Aufl. 1988
NE: Gnilka, Joachim (Hrsg.); Abt.

Ruckstuhl, Eugen:
Jakobusbrief, 1. [erster] – 3. Johannesbrief / Eugen Ruckstuhl.
2. Aufl. – Würzburg: Echter Verlag, 1988.
(Die Neue Echter Bibel : Kommentar zum Neuen Testament
mit der Einheitsübersetzung; Bd. 17/19).
ISBN 3-429-00960-X

2. Auflage 1988

Gesamtherstellung: Echter Würzburg,
Fränkische Gesellschaftsdruckerei und Verlag GmbH
ISBN 3-429-00960-X

Eugen Ruckstuhl · Jakobusbrief
1.–3. Johannesbrief

EINLEITUNG

Die literarische Gattung des Jakobusbriefs

Der Jakobusbrief wird mit einer kurzen Grußanschrift des Verfassers an die von ihm angesprochenen Leser eröffnet. Weitere Hinweise, daß hier ein Brief vorliegt, folgen aber im Verlauf des Schreibens nicht mehr; am Ende bricht es zudem ohne Briefschluß unerwartet ab. Daß es sich um einen Rundbrief handeln könnte, wie mehrere Fachleute annehmen, läßt sich aus der Grußanschrift höchstens vermuten; andere dafür auswertbare Angaben gibt es nicht.

Schon Martin Luther hatte unserer Schrift Mangel an Ordnung und Zusammenhang vorgeworfen, ein Vorwurf, der in unserm Jahrhundert nie verstummt ist, dem aber auch nur wenige widersprochen haben. Viele Ausleger haben diesen Mangel auf die literarische Gattung des Schreibens zurückgeführt. Es reiht nämlich eine große Zahl von Einzelermahnungen für das christliche Leben aneinander und ist deswegen als Paränese = Mahnrede zu verstehen. Ähnliche Mahnschriften waren damals auch im Judentum gebräuchlich. Schon die jüngeren Weisheitsschriften des AT gehören dieser literarischen Gattung an, wie das Buch der Weisheit und Jesus Sirach. Viele Briefe des NT enthalten ganze Abschnitte, die ebenfalls aus Einzelermahnungen zur Gestaltung des christlichen Alltags zusammengesetzt sind und so die gleiche literarische Gattung vertreten. In den Paulusbriefen bilden die »paränetischen« Abschnitte gewöhnlich den Schlußteil. Auch eine Anzahl Schriften stoischer Philosophen wie Epiktet und Seneca stellen Mahnreden dar oder enthalten solche.

Zweifellos fehlt unserer Schrift ein durchgehender und fortschreitender Aufbau. Eine genauere Prüfung zeigt allerdings, daß ihr Zusammenhang und ihre Einheit größer sind, als es dem oberflächlichen Leser scheinen mag. Der Verfasser hat, wie viele seiner Sätze ohne äußere Verknüpfung nach rückwärts durch Bindewörter zeigen, eine Neigung, »staccato« zu reden, und diese Neigung verrät sich auch in seiner Art, neue Absätze und Abschnitte unverbunden, sozusagen hart einsetzen zu lassen. In vielen Fällen ist aber eine innere Verknüpfung solcher Einsätze nach rückwärts gegeben, oder es wird ein früheres Motiv wiederaufgenommen und so ein größerer Gedankenzusammenhang geschaffen. Unser Kommentar sucht solche Zusammenhänge, die machmal auch stilistisch untermauert werden, sichtbar zu machen.

Sprache und Stil

Das Griechisch unserer Schrift ist, obschon es auch manche Semitismen aufweist, nicht nur annehmbar, sondern ausgezeichnet. Es wird im NT nur vom Hebräerbrief übertroffen. Wenn man die Sprache beider Bücher miteinander vergleicht, darf man nicht übersehen, daß sich nicht nur ihre literarische Gattung voneinander unterscheidet, sondern auch die Eigenart der gestalterischen Kunst ihrer Verfasser. Die Sprache unseres Verfassers überschäumt von Lebendigkeit und Frische. Er formuliert kurz und bündig. Die Fülle und Kraft seiner Bilder und Vergleiche überrascht. Seine schöpferische Kunst setzt sich auch da durch, wo er stark von überliefertem Stoff abhängig ist. Er verfügt über einen reichen Wortschatz. In 34 Fällen braucht er Wörter, die im NT sonst nicht vorkommen. Mehrmals zieht er eine gepflegte Ausdrucksweise der gebräuchlicheren vor. Auffällig ist sein ausgeprägter Sinn für eine ebenmäßige Verteilung von Tonsilben (Rhythmus). Manchmal gebraucht er den Stabreim, indem er einander folgende wichtige Wörter mit dem gleichen Mitlaut beginnen läßt. Hie und da verwendet er auch Endreime, ohne sie aber mit regelmäßigen Tonfolgen zu verbinden. Wirkungsvoll sind gelegentliche Kettenreihen entscheidender Ausdrücke und leiterartige Steigerungen sich folgender Wörter. Beide Kunstmittel finden sich miteinander verknüpft in 1^{14f}.

Unser Verfasser schließt sich auch häufig »an eine volkstümliche griechische Stilrichtung an, die von den Vortragsrednern der kynisch-stoischen Philosophie ausgebildet worden war, die sogenannte Diatribe. Von daher stammen vor allem die dialogischen Elemente, die unsere Schrift auszeichnen, wie die Anreden an verschiedene Menschen und Gruppen, die sich der Verfasser unter seinen Lesern vorstellt, die Aufnahme und Widerlegung von Einwänden, die ihm Gegner machen könnten, Fragen, die er sich selbst stellt, Scheltworte und Beispiele aus Natur, Technik und Geschichte.« (Schöpfen aus biblischen Quellen, S. 200f)

Hauptthemen und Strukturlinien

1. Das umfassende Hauptthema und eine entscheidende Strukturlinie unserer Schrift ist die Vollkommenheit. Auf die Vollkommenheit der Christen läuft schon der erste Abschnitt 1^{2-4} hinaus. Tragende Ausdrücke des Schreibens werden mit dem Gedanken der Vollkommenheit verknüpft, so Werk (1^{4} 2^{22}), Weisheit ($1^{5.17}$; vgl. $3^{15.17}$), Glaube (1^{3-8} 2^{22f}), Gesetz (1^{25} $2^{8.10}$). Der vollkommene Glaube an Jesus Christus, den Herrn der Herrlichkeit, erträgt weder das wertende und abwertende Unterscheiden zwischen reich und arm (2^{1-4}) noch den Mißbrauch der Zunge (3^{2}). Der Glaube drängt zu Taten der Liebe

und selbstlosen Hingabe, in denen er seine Echtheit und Lebendigkeit erweist und so zur Vollendung kommt (2^{22}).

2. Ein weiteres Hauptthema des Jakobusbriefs ist die schon genannte Weisheit. Sie steigt von Gott herab als das vollkommene Geschenk des Vaters der Lichter (1^{17}) und führt den Glauben durch alle Lebensnöte hindurch zur Vollkommenheit (1^{2-5}). Sie bringt alle guten Früchte des christlichen Lebens von oben mit auf die Erde und schenkt am Ende den Friedensstiftern das vollkommene Heil der Gerechtigkeit (3^{13-18}).

3. Eine wichtige Strukturlinie unseres Schreibens bildet auch das Thema der »Armenfrömmigkeit«: $1^{9-11.27}$ $2^{5-7.(15f)}$ $5^{1-6.7-11}$. Die Armenfrömmigkeit hat sich im AT aus gesellschaftlich/wirtschaftlichen und prophetischen Vorgaben vor allem im Zusammenhang der Psalmendichtung entwickelt. Der Arme ist in den Klageliedern der Psalmen der Verfolgte und Unterdrückte, der sich vor seinen Feinden zu Jahwe flüchtet und auf seine Hilfe vertraut. Er stellt das Ideal des Frommen dar, der aus dem Glauben an Jahwe lebt. Alle Elemente dieser Armenfrömmigkeit finden sich auch in unserer Schrift. Ihr Verfasser knüpft weniger an Ereignisse in den von ihm angesprochenen Gemeinden an als an die Botschaft Jesu und das überlieferte Ideal, das durch die Aufnahme von Reichen in diese Gemeinden in Gefahr gerät, im Alltag verlorenzugehen und dadurch die Echtheit des christlichen Glaubens in Frage zu stellen.

4. Das weitere Hauptthema unserer Schrift »Glaube und Werk« wird im Rahmen des Kommentars nach 2^{14-26} behandelt. Ergänzend sei hier darauf aufmerksam gemacht, daß auch dieses Thema an mehreren Stellen gegenwärtig ist, sie miteinander verbindet und so die Schrift strukturiert: 1^{19-27} $2^{8-13.14-26}$ 3^{13-18} $4^{11.17}$.

Zum geistes- und religionsgeschichtlichen Hintergrund

An nicht wenigen Stellen seiner Schrift nimmt unser Verfasser ältere Überlieferungen seiner Umwelt auf. Dazu gehören vor allem Aussagen und Ausdrucksweisen der jüngeren alttestamentlichen Weisheitsschriften wie Weisheit und Jesus Sirach, aber auch Stellen aus nichtbiblischen Werken des Frühjudentums, z. B. aus dem Buch Henoch oder aus Schriften der Mönchsgemeinde von Qumran. Zweifellos kannte unser Verfasser auch Motive und Aussagen, die sich in Werken stoischer Schriftsteller finden. Wir dürfen aber auch die vielen Stellen unserer Schrift, wo der Verfasser auf die Jesusüberlieferung und die paränetischen Überlieferungen des jungen Christentums zurückgreift, nicht übergehen. Auffallend ist vor allem die Ähnlichkeit mancher Aussagen unserer Schrift mit Stellen aus Mt oder der sogenannten Spruchquelle, die Mt und Lk in ihren Evangelien verwendeten (vgl. die Hinweise auf ältere Überlieferungen im Kommentar).

Verfasser und Abfassungszeit

Am Ende des zweiten Jahrhunderts wurde unsere Schrift erstmals Jakobus, dem sogenannten »Bruder des Herrn«, der längere Zeit vor seinem Tod (62 n. Chr.) die Urgemeinde von Jerusalem geleitet hatte, als Verfasser zugeschrieben. Nur wenige Fachleute vertreten diese Ansicht heute noch. Gegen sie sprechen folgende Gründe:

1. Das ausgezeichnete Griechisch unserer Schrift und die große Kenntnis griechischen Schrifttums und stoischer Ethik, die sie verrät, wird man dem Herrenbruder Jakobus, der aus einfachsten Verhältnissen in Galiläa stammte und nach Ostern tief im aramäisch-hebräischen Judentum Jerusalems verwurzelt war, eher nicht zutrauen. Die schöpferische Eigenständigkeit und Freiheit des Verfassers ist auch so stark, daß sein Werk kaum als das Werk eines Gehilfen verstanden werden kann, das der Herrenbruder unter seinem eigenen Namen zu veröffentlichen wagte.

2. Es ist unwahrscheinlich, daß der Herrenbruder sich mit einem Schreiben an die ganze judenchristliche Diaspora wandte, ohne auch nur mit einer Silbe auf die vor seinem Tod immer noch brennenden Fragen des Zusammenlebens der Judenchristen mit den immer zahlreicher werdenden Heidenchristen einzugehen. Er war doch, wie man annehmen muß, der Urheber der sogenannten Jakobusklauseln, die Apg $15^{20f.22-29}$ 16^{4} 21^{25} erwähnt werden. Vgl. überdies Apg 21^{18-26} und den Aufruhr, den das Erscheinen des Apostels Paulus in Jerusalem und in seinem Tempel noch im Frühjahr 56 verursachte (21^{27}–25^{12}). Das Schweigen unserer Schrift über die genannten Fragen zeigt deutlich, daß sie zur Zeit ihrer Abfassung in den angesprochenen Gemeinden nicht mehr wichtig waren. Die Schrift muß also nach 70 entstanden sein.

3. Wäre der Herrenbruder der Verfasser unserer Mahnschrift, so müßte man sich mindestens wundern, daß er hier zwar auf das Vorbild Abrahams und Rahabs (2^{20-25}), Ijobs und der Propheten (5^{10f}) hinweist, nicht aber auf das Vorbild des irdischen Jesus, seines nahen Verwandten.

4. Der Jakobusbrief scheint vor dem Ende des zweiten Jahrhunderts im christlichen Raum nicht verbreitet gewesen zu sein. Das läßt sich nicht gut erklären, wenn der Herrenbruder sein Verfasser war. Auch der Kirchenschriftsteller Hegesipp, der gegen Ende dieses Jahrhunderts über das Leben und den gewaltsamen Tod des Herrenbruders geschrieben hat, weiß nichts von einem Mahnschreiben, das dieser an die judenchristliche Diaspora richtete.

5. Die Auseinandersetzung über das Verhältnis von Glaube und Werken in unserer Schrift (2^{14-26}) dient nicht der Absicht, das mosaische Gesetz und seine Werke als Heilsweg zu empfehlen. Der Verfasser will nur sagen, daß der Glaube, der den Christen nicht in einen Liebenden verwandelt, ihn nicht vor der Verurteilung im Endgericht ret-

ten kann. Das ist ein deutlicher Hinweis, daß der Kampf des Paulus für die Freiheit vom mosaischen Gesetz, als unsere von einem hellenistischen Judenchristen geschriebene Schrift entstand, schon lange der Vergangenheit angehörte. Dagegen kann man nicht einwenden, unser Verfasser hätte, wenn er so spät im ersten Jahrhundert schrieb, doch einige paulinische Briefe kennen und an sie anknüpfen müssen. Aber eine Sammlung paulinischer Briefe war vor 100 n. Chr. vermutlich noch nicht vorhanden, oder wenn, dann noch nicht überall verbreitet. Ferner kämpft unser Verfasser nicht gegen Paulus, sondern gegen Leute, die paulinische Losungen mißbrauchten, um ihre Verpflichtung zu christlichem Handeln in Abrede zu stellen.

6. Unsere Schrift wurde für christliche Gemeinden geschrieben, die in Gefahr standen, einen Glauben zu bekennen, der nicht mehr den ganzen Menschen forderte und ihr Dasein verwandelte. Das war aber weniger die Gefahr, die dem aufblühenden und erfolgreichen Christentum der ersten Generation drohte, sondern die Gefahr der Erschlaffung, die den ersten Jahrzehnten der Spannkraft und Hingabe folgte und mit dem Ende des apostolischen Zeitalters aufbrach. Unser Schreiben dürfte deswegen zwischen 80–100 n. Chr. abgefaßt worden sein. Es ist also eine pseudonyme Schrift, wie eine Reihe von Briefen des NT aus nachapostolischer Zeit. Ihr Verfasser wählte den Namen des Herrenbruders als Decknamen, um dadurch seine Verbundenheit mit ihm und den Anfängen des Christentums auszudrükken und seine Leser auf die geschichtlichen Wurzeln ihres Glaubens hinzuweisen.

LITERATURHINWEISE

Neuere Kommentare: J. Cantinat, Les Epîtres de Saint Jacques et de Saint Jude (SB), Paris 1973; M. Dibelius-H. Greeven, Der Brief des Jakobus (KEK 15), Göttingen ^{11}1964; F. Mussner, Der Jakobusbrief (HThK 13,1), Freiburg ^{4}1981; F. Vouga, L'Epître de Saint Jacques (CNT II, 13a), Genf 1984.

Wichtige Beiträge: Ch. Burchard, Zu Jakobus 2,14–26, in: ZNW 71 (1980) 27–45; R. Fabris, Legge della Libertà in Giacomo (SRBib 8), Brescia 1977; R. Hoppe, Der theologische Hintergrund des Jakobusbriefes (FzB 28), Würzburg 1977; U. Luck, Der Jakobusbrief und die Theologie des Paulus, in: ThGl 61 (1971) 161–179; E. Ruckstuhl-O. Niederberger, Schöpfen aus biblischen Quellen. Zugänge zu den Briefen des NT, Stuttgart 1983; Ph. Sigal, The Halakha of James, in: D. Y. Hadidian (Hrsg.), Festschrift M. Barth (PThMS 33), Pittsburgh 1981, 337–353; J. Zmijewski, Christliche »Vollkommenheit«. Erwägungen zur Theologie des Jakobusbriefes (StNTU A5), Linz 1980, 50–78.

ANSCHRIFT UND GRUSS: 1^{1}

1^{1} Jakobus, Knecht Gottes und Jesu Christi, des Herrn, grüßt die
zwölf Stämme, die in der Zerstreuung leben. 1 Petr 1^{1}

SINN UND WESEN DER VERSUCHUNG: 1^{2-18}

2 Seid voll Freude, meine Brüder, wenn ihr in mancherlei Versuchun-
gen geratet. 3 Ihr wißt, daß die Prüfung eures Glaubens Ausdauer be- 1 Petr 1^{7}
wirkt. 4 Die Ausdauer aber soll zu einem vollendeten Werk führen;
denn so werdet ihr vollendet und untadelig sein, es wird euch nichts

1^{1} Jakobus, unter dessen Namen sich unser Verfasser verbirgt, wird hier als Knecht Gottes (des Vaters) und Jesu Christi, des Herrn, vorgestellt. Da der Herrenbruder wahrscheinlich zu Lebzeiten in Kreisen der Frommen »Knecht Jahwes« genannt wurde, könnte unsere Anschrift darauf anspielen. Sie erinnert auch an den Namen »Knecht Gottes«, den das AT den großen Gestalten des Volkes Israel gab, während Paulus sich und seine Mitarbeiter »Knechte Jesu Christi« nannte (Röm 1^{1} Gal 1^{10} Phil 1^{1}).
Der Gruß des Verfassers geht »an die zwölf Stämme Israels in der Zerstreuung«. Da seine Schrift eine christliche Schrift ist, sind diese zwölf Stämme jedenfalls die in der heidnischen Welt von damals zerstreuten Christengemeinden. Der Ausdruck ruft die Verwurzelung des Christentums in der Geschichte des Volkes Israel und den jüdischen Mutterboden des christlichen Glaubens in Erinnerung.
Die Grußform unserer Anschrift entspricht dem griechisch-römischen Briefformular. Diese Form findet sich im NT nur noch Apg 15^{23} 23^{26}. Das Wort, das hier mit grüßen wiedergegeben wird, heißt wörtlich »sich freuen«. An diese Bedeutung knüpft der folgende Abschnitt an.

1^{2-4} Der Gedanke von der Freude im Leiden des gottverbundenen Menschen und in den Anfechtungen seines Daseins findet sich schon in einer Reihe frühjüdischer Schriften vor der christlichen Zeitrechnung. Auch die urchristliche Mahnrede hat ihn aufgenommen; deswegen kommt er auch mehrmals im NT vor. Auffällig ist die formale Verwandtschaft von Röm 5^{3f} 1 Petr 1^{6f} mit unseren Versen. Den drei Stellen liegt zweifellos eine ältere festgeformte Überlieferung zugrunde, die unser Verfasser am wenigsten verändert haben dürfte.
Die volle Freude, zu der er seine »Brüder« auffordert, soll sich an den verschiedenartigen Schwierigkeiten, in die der gläubige Christ ohne sein Zutun gerät, entzünden. Der Verfasser nennt sie Versuchungen und versteht sie im Zusammenhang als Prüfungen, durch die Gott den Glauben nicht nur auf die Probe stellt, sondern stärkt, so daß er ausdauernd wird und den Widerwärtigkeiten des Alltags standhält. Dieses Wachstum des Glaubens soll letztlich eine Vollendung erreichen, durch die das Leben und Handeln der vom Verfasser angesprochenen Gläubigen vollkommen und fehlerlos wird. Vollendung und Vollkommenheit ist ein Grundgedanke unseres Briefes, dem wir in

mehr fehlen. 5 Fehlt es aber einem von euch an Weisheit, dann soll er
sie von Gott erbitten; Gott wird sie ihm geben, denn er gibt allen gern
Mt 7^{7} und macht niemand einen Vorwurf. 6 Wer bittet, soll aber voll Glau-
21^{21} ben bitten und nicht zweifeln; denn wer zweifelt, ist wie eine Welle,
die vom Wind im Meer hin und her getrieben wird. 7 Ein solcher
Mensch bilde sich nicht ein, daß er vom Herrn etwas erhalten wird:
8 Er ist ein Mann mit zwei Seelen, unbeständig auf all seinen Wegen.
9 Der Bruder, der in niederem Stand lebt, rühme sich seiner hohen
Würde, 10 der Reiche aber seiner Niedrigkeit; denn er wird dahin-
Jes 40^{6f} schwinden wie die Blume im Gras. 11 Die Sonne geht auf, und ihre
1 Petr 1^{24} Hitze versengt das Gras; die Blume verwelkt, und ihre Pracht ver-
geht. So wird auch der Reiche vergehen mit allem, was er unter-
nimmt.

verschiedenen Zusammenhängen und Formen begegnen werden. In den ältern Teilen des AT wird sie gleichgesetzt mit der ungeteilten Hingabe des Menschen an Gott, der sein Herz nicht an fremde Götter verliert. In den jüngern Weisheitsschriften und allgemein im frühjüdischen Schrifttum wird sie meistens als Gesetzeserfüllung verstanden.

1^{5-8} Dieser Absatz ist mit dem vorhergehenden nicht nur äußerlich durch das Stichwort »fehlen« verbunden. In Wirklichkeit ist die Weisheit, von der jetzt geredet wird, mit der Vollendung und Vollkommenheit in ^{4} gleichzusetzen. Diese Gleichsetzung vollzieht schon das Buch der Weisheit (9^{6}); sie findet sich aber auch in den Schriften der Mönche von Qumran.

Weil nun die Vollkommenheit und Weisheit, um die es hier geht, nur Gottes Gabe sein kann (vgl. Jak 1^{17} 3^{15-18}), sollen die Leser darum beten. Gott gibt allen Bittenden gern, freilich nur, wenn sie voll Vertrauen und Glauben an seine Güte bitten und nicht zweifeln, daß er sie erhört. Solches Bitten nimmt eigentlich die Erhörung vorweg; es ist schon Ausdruck der ungeteilten Hingabe, Vollkommenheit und Weisheit, um die man bittet.

1^{9-11} Wie sich zuvor der vertrauensvolle und der zwiespältige Beter gegenüberstanden, beide als Christen, so stehen sich jetzt der arme Bruder in der Gemeinde und der Reiche gegenüber, auch er jedenfalls als Glied der Gemeinde (vgl. 2^{1-4}). Der Bruder niedern Standes wird ermuntert, an seine Erhöhung zu denken und sich darüber zu freuen. Mit dieser Erhöhung wird wahrscheinlich seine Würde, die ihm als Christ zuteil wurde, und seine Aussicht auf das Erbe der kommenden Gottesherrschaft gemeint sein, von denen in 2^{5} die Rede ist. Der Reiche, den der Verfasser nicht Bruder nennt, wird seinerseits gemahnt, den jederzeit möglichen Verlust seiner Güter und seiner Stellung in der Gesellschaft zu erwägen und darum von sich nicht überheblich zu denken.

Dieses Verständnis unserer Verse fügt sich einigermaßen in den Horizont des bisherigen Gedankenganges ein. Man darf auch nicht übersehen, daß im griechischen Text die beiden Abschnitte 1^{5-8} und $^{9-11}$ parallel zueinander enden, was die Übersetzung nicht klar zum Ausdruck bringt. Diese formale Entsprechung zeigt den Willen des Verfassers an, das in 1^{2-11} Gesagte als Einheit und Ganzheit zu verstehen.

[12] Glücklich der Mann, der in der Versuchung standhält. Denn wenn
er sich bewährt, wird er den Kranz des Lebens erhalten, der denen Weish 5^{16}
verheißen ist, die Gott lieben. [13] Keiner, der in Versuchung gerät, soll 1 Petr 5^{4}
sagen: Ich werde von Gott in Versuchung geführt. Denn Gott kann Offb 2^{10}
nicht in die Versuchung kommen, Böses zu tun, und er führt auch Sir 15^{11f}
selbst niemand in Versuchung. [14] Jeder wird von seiner eigenen Be-
gierde, die ihn lockt und fängt, in Versuchung geführt. [15] Wenn die
Begierde dann schwanger geworden ist, bringt sie die Sünde zur
Welt; ist die Sünde reif geworden, bringt sie den Tod hervor.
[16] Laßt euch nicht irreführen, meine geliebten Brüder; [17] jede gute
Gabe und jedes vollkommene Geschenk kommt von oben, vom Vater Mt 7^{11}

1^{12} Dieser Vers vollendet die eben genannte Einheit und Ganzheit. Es kann nicht Zufall sein, daß hier das Thema Glaubensprüfungen mit seinen Leitgedanken – Freude, Prüfung, Erprobung, Ausdauer – nochmals aufgenommen und mit dem Ausblick auf das endzeitliche Leben abgeschlossen wird. Der Vers bildet so mit 1^{2-4} eindeutig den Rahmen des ganzen Abschnitts 1^{2-12}. Die Form der Aussage schließt sich an die Preisrufe des alttestamentlichen und frühjüdischen Weisheitsschrifttums an. Wie in den ursprünglichen Preisrufen der Bergpredigt – Mt $5^{3-6.10f}$ Lk 6^{20-22} – wird hier jemand, der als Glaubender die Not der Gegenwart durchsteht, in der Jetztzeit glücklich gepriesen, weil er einst – wie ein Sieger im Wettkampf – den Kranz des ewigen Lebens empfangen wird. Gott hat dieses Leben denen verheißen, die ihn lieben (vgl. 2^{5} 1 Kor 2^{9} Röm 8^{28}).

1^{13-15} Mit dem Stichwort »versuchen« schließt der Verfasser jetzt ein neues Thema an. Es geht nicht mehr um Anfechtungen, die das irdische Dasein des Glaubenden als Widerwärtigkeiten bedrängen, sondern um Versuchungen zur Sünde, die aus dem Innern des Menschen aufsteigen. Sie stammen nicht von Gott, wie vermutlich einzelne Christen damals annahmen und wie man aus einigen Stellen des AT schließen konnte. Gott wird weder versucht noch versucht er den Menschen zum Bösen (vgl. Sir 15^{11-20}). Versuchungen stammen aus der eigenen Begierde. Diese wird hier als verführerische Frau geschildert, die den Menschen lockt und fängt. Nachdem sie empfangen hat, gebiert sie die Sünde; die vollendete Sünde aber tötet das Leben aus Gott (vgl. Jak 5^{20}).

1^{16-18}: [16] wird man als Überleitung von [13–15] zu [17] auffassen. Er warnt die angesprochenen »lieben Brüder« davor, sich ein falsches Gottesbild zu machen und Gott als versuchbar und Versucher zu verstehen oder in ihm Wechselhaftigkeit und Verfinsterung zu entdecken. Von Gott kommt alles Gute, das dem Menschen zuteil wird. Alles Geschaffene ist eine gute Gabe oder ein vollkommenes Geschenk von oben. Vom Vater der Lichter, das heißt der Gestirne, kann nichts Böses kommen. Er ist nicht wie die Sonne, die, wie es den Anschein macht, durch ihren Lauf wechselweise Licht und Dunkel verursacht und überdies Schatten wirft. Von Gott kann nur Gutes ausgehen.

Im Gegensatz zur Begierde, die, wenn sie empfangen hat, notwendig Sünde gebiert und Tod bringt, hat Gott uns aus freischenkender Güte auch Leben aus seinem Leben mitge-

der Gestirne, bei dem es keine Veränderung und keine Verfinsterung
1 Petr 1^{23} gibt. 18 Aus freiem Willen hat er uns durch das Wort der Wahrheit ge-
boren, damit wir gleichsam die Erstlingsfrucht seiner Schöpfung
seien.

ERMAHNUNGEN UND WARNUNGEN: 1^{19}–5^{12}

Der rechte Hörer des Wortes: 1^{19-27}

19 Denkt daran, meine geliebten Brüder: Jeder Mensch soll schnell be-
Sir 5^{11} reit sein zu hören, aber zurückhaltend im Reden und nicht schnell
zum Zorn bereit; 20 denn im Zorn tut der Mensch nicht das, was vor
1 Petr 2^{1} Gott recht ist. 21 Darum legt alles Schmutzige und Böse ab, seid sanft-
mütig und nehmt euch das Wort zu Herzen, das in euch eingepflanzt
worden ist und das die Macht hat, euch zu retten.

teilt. Er hat uns wie eine Mutter geboren und so zu seinen Kindern gemacht, und zwar durch das Wort der Wahrheit, das heißt durch seine Offenbarungsbotschaft. So sind wir eine Art Erstlingsfrucht seiner Geschöpfe, Anfang einer neuen Schöpfung geworden. Die Aussagen in ^{18} dürfen so gedeutet werden, weil sie offensichtlich den Zusammenhang des Taufgeschehens spiegeln, wie auch der stark verwandte Vers 1 Petr 1^{23} zeigt: »Wir sind neu geboren worden, nicht aus vergänglichem Samen, sondern aus unvergänglichem, nämlich durch das lebendige und bleibende Wort Gottes« (vgl. dazu 1 Petr 1^{3} 2^{2}). Im Taufzusammenhang ist das Wort der Wahrheit, das lebendige und bleibende Wort Gottes, nichts anderes als die Heilsbotschaft Jesu Christi, die Grundlage des Taufunterrichts und des christlichen Lebens (vgl. 1 Petr 1^{25}).

1^{19-21} Dieser Absatz ist eine Einleitung zum ganzen Abschnitt 1^{19-27}, der zur Verwirklichung des mit der Taufe überlieferten Gotteswortes mahnt. Der dreigliedrige Aufruf in ^{19b} scheint wie eine undeutliche Hinführung zu ^{21}, dessen Anliegen dem Verfasser aber schon gegenwärtig ist. ^{20} begründet seinerseits, warum man sich nicht vom Zorn hinreißen lassen soll. Sein Wortlaut könnte anders als in unserer Übersetzung auch so verstanden werden: Zorniges Handeln richtet die Rechtsordnung und Herrschaft Gottes in der Welt nicht auf.

Die Wendungen in ^{21} greifen deutlich auf urchristliche Taufermahnungen zurück. Vgl. 1 Petr 2^{1} Kol 3^{8} Eph 2^{1-6}, wo die Glaubenden ebenfalls aufgerufen werden, alles abzulegen, was ihre heidnische Vergangenheit als Sünde und Laster prägte. Auch die Wendung vom »eingepflanzten Wort« dürfte auf eine Taufermahnung zurückgehen. Zweifellos ist dieses eingepflanzte Wort gleichzusetzen mit dem »Wort der Wahrheit« (1^{18}), das dem Taufunterricht zugrunde lag. Es erinnert an Stellen des frühjüdischen und rabbinischen Schrifttums, die davon reden, daß Gott am Sinai das Gesetz in die Herzen seines Volkes gesät hat oder in der künftigen Welt in ihr Inneres legen (säen) wird, eine Anspielung auf Jer 31^{33}. Wir dürfen aber auch an das Gleichnis vom Sämann

^{22} Hört das Wort nicht nur an, sondern handelt danach; sonst betrügt
ihr euch selbst. ^{23} Wer das Wort nur hört, aber nicht danach handelt, Mt $7^{24.26}$
ist wie ein Mensch, der sein eigenes Gesicht im Spiegel betrachtet:
^{24} Er betrachtet sich, geht weg, und schon hat er vergessen, wie er
aussah. ^{25} Wer sich aber in das vollkommene Gesetz der Freiheit ver- Ps 19^{8}
tieft und an ihm festhält, wer es nicht nur hört, um es wieder zu ver- Röm 8^{2}
gessen, sondern danach handelt, der wird durch sein Tun selig sein.
^{26} Wer meint, er diene Gott, aber seine Zunge nicht im Zaum hält, der
betrügt sich selbst, und sein Gottesdienst ist wertlos. ^{27} Ein reiner und

und seine Erklärung (Mt 13^{18-23}) denken, wo der Same mit dem in das Herz des Hörers gesäten »Wort vom Reich« gleichgesetzt wird. – ^{21} fordert dann von den Lesern, sich dem mit der Taufe eingepflanzten Wort geduldig anzuvertrauen und zu fügen, weil es die Macht hat, »eure Seelen« zu retten. Von dieser Macht des Wortes und der Heilsbotschaft hören wir auch Röm 1^{16} 1 Kor 1^{18} Eph 1^{13} 1 Thess 2^{13}.

1^{22-25} ^{22a} heißt wörtlich übersetzt: Werdet Täter des Wortes und nicht nur Hörer. Die beiden Ausdrücke erscheinen als Gegensatz nochmals in $^{23.25}$. Im NT finden sie sich sonst nur noch Röm 2^{13}, aber nicht mit dem Wort, sondern mit dem Gesetz verbunden. Doch auch unser Verfasser wechselt in ^{25} vom Wort zum Gesetz, und man kann kaum daran zweifeln, daß er damit das »Wort« in ^{22} meint, das seinerseits unzweideutig an das »Wort der Wahrheit« und das »eingepflanzte Wort« in $^{18.21}$ anknüpft.

Dieses Wort, das mit der Heilsbotschaft und ihrem Anruf zum christlichen Handeln zusammenfällt, wird in ^{25} »das vollkommene Gesetz der Freiheit« genannt. Als religionsgeschichtlicher Hintergrund dieser Wendung kommt vor allem die zur neutestamentlichen Zeit geläufige jüdische Vorstellung von der Rolle des mosaischen Gesetzes als Vermittler der Freiheit, die das Eigentumsvolk Gottes genoß, in Frage. Diese Vorstellung war mit der Herausführung Israels aus der ägyptischen Knechtschaft und dem Bundesschluß am Sinai verbunden, wo sich das befreite Volk in den Dienst Gottes stellte und seinem Gesetz unterwarf. Neutestamentliche Überlieferung hat diesen Gedankenzusammenhang an verschiedenen Stellen und in verschiedener Weise aufgenommen und die Freiheit der Christen in der Erfüllung des neuen Gesetzes Christi, der Bruderliebe, verwirklicht gesehen (vgl. 1 Petr 2^{16f} Joh 8^{31-36} 13^{34f} Röm 8^{2-4} 13^{8-10} Gal 5^{13f} 6^{2}). Auch für unseren Verfasser ist das Gesetz, das er hier und an andern Stellen meint, nichts anderes als das Gebot der Nächstenliebe (vgl. 2^{8}). Es macht frei von allem, was dieser Liebe entgegensteht. In ^{25} wird es gerade deswegen das vollkommene Gesetz genannt, weil es die Kinder Gottes zu vollkommen Liebenden machen will und als das eingepflanzte Wort auch kann (vgl. $1^{18.21}$ 2^{8-13} 1 Joh 3^{9f} Jer 31^{33}). Das schließt nicht aus, sondern ein, daß der Hörer des Wortes sich in dieses Gesetz vertiefen und treu an ihm festhalten muß, um als Täter des Wortes glücklich gepriesen zu werden.

1^{26f} Die beiden Schlußverse des ersten Kapitels schließen sich durchaus sinnvoll an das eben Gesagte an. Der Gottesdienst, von dem hier gesprochen wird, vollzieht sich nämlich

makelloser Dienst vor Gott, dem Vater, besteht darin: für Waisen
und Witwen zu sorgen, wenn sie in Not sind, und sich vor jeder Be-
fleckung durch die Welt zu bewahren.

Verhalten gegenüber Reichen und Armen: 2[1–13]

2[1] Meine Brüder, haltet den Glauben an unseren Herrn Jesus Chri-
stus, den Herrn der Herrlichkeit, frei von jedem Ansehen der Person.
[2] Wenn in eure Versammlung ein Mann mit goldenen Ringen und
prächtiger Kleidung kommt, und zugleich kommt ein Armer in
schmutziger Kleidung, [3] und ihr blickt auf den Mann in der prächti-
gen Kleidung und sagt: Setz dich hier auf den guten Platz!, und zu
dem Armen sagt ihr: Du kannst dort stehen!, oder: Setz dich zu mei-
nen Füßen! – [4] macht ihr dann nicht untereinander Unterschiede und
fällt Urteile aufgrund verwerflicher Überlegungen? [5] Hört, meine ge-
Mt 5[3f] liebten Brüder: Hat Gott nicht die Armen in der Welt auserwählt, um
1 Kor 1[26f] sie durch den Glauben reich und zu Erben des Königsreichs zu ma-

nicht in liturgischen Feiern oder nur in Gebeten und Bekenntnissen, sondern ist nichts anderes als die Erfüllung des Liebesgebotes. Von dem, der Gott dienen will, wird verlangt, daß er seine Zunge im Zaum hält, das heißt, mit seinen Mitmenschen und Mitchristen anständig und liebevoll umgeht und sie auch nicht verleumdet, sonst ist sein Umgang mit Gott wertlos. Ihm wird auch dringend ans Herz gelegt, Witwen und Waisen in ihrer Verlassenheit und Schutzlosigkeit wirksam zu helfen und sich nie auf die Seite der selbstherrlichen, herzlosen und gewalttätigen Welt zu stellen. Nur so übt er einen Gottesdienst, der Gott wirklich gefällt.

2[1–4] Der Glaube an Jesus Christus, den Herrn der Herrlichkeit, ist unvereinbar mit einem Personenkult, der Leuten von Rang und Reichtum Ehre erweist, Arme aber herabsetzt und kaltstellt. Das geschieht in dem Fall, den der Verfasser anschaulich schildert, was nicht heißt, daß er damit auf Geschehenes zurückgreift. Es wird auch nicht deutlich, ob der Reiche, den er auftreten läßt, als Christ und Mitglied der Gemeinde erscheinen soll. [6b.7] lassen eher auf das Gegenteil schließen. Jedenfalls urteilen Christen, die sich so verhalten, wie das Beispiel zeigt, vom Standpunkt des Glaubens aus verwerflich.

2[5–7] Der Verfasser wendet sich eindringlicher als in [1] nochmals an seine Leser, indem er sie als seine geliebten Brüder anredet. Er stellt ihnen drei Fragen, auf die sie nur mit Ja antworten können und damit zugeben müssen, daß man als gläubiger Christ nicht so, wie es geschildert wurde, denken und handeln darf. Die erste Frage weist sie darauf hin, daß Gott die Menschen, die in den Augen der Weltleute als Arme nichts gelten, durch den ihnen geschenkten Glauben reich gemacht, ja gerade sie zu Erben seines Reiches ausgewählt hat (vgl. 1 Kor 1[26–29] Mt 11[25] 25[34]). Die zweite und die dritte Frage rufen den Angesprochenen in Erinnerung, daß die Reichen zu den Mächtigen gehören, die sie unterdrücken, vor die Gerichte schleppen und den

chen, das er denen verheißen hat, die ihn lieben? 6 Ihr aber verachtet
den Armen. Sind es nicht die Reichen, die euch unterdrücken und
euch vor die Gerichte schleppen? 7 Sind nicht sie es, die den hohen
Namen lästern, der über euch ausgerufen worden ist? 8 Wenn ihr da-
gegen nach dem Wort der Schrift: *Du sollst deinen Nächsten lieben* Lev 19^{18}
wie dich selbst! das königliche Gesetz erfüllt, dann handelt ihr recht.
9 Wenn ihr aber nach dem Ansehen der Person urteilt, begeht ihr eine

»schönen Namen« (Jesu Christi) lästern, der in der Taufe über sie ausgerufen wurde (vgl. Apg 2^{38} 10^{48}). Alle drei Fragen zeigen, daß der Verfasser hier aus einer Überlieferung schöpft, die auch in Mt $5^{3.10f}$ Lk $6^{20.22}$ verwendet wurde (vgl. Mt 10^{17f}).

2^{8} Dieser Vers ist die Nahtstelle zwischen den Abschnitten 2^{1-7} und 2^{9-13}. Dem Verfasser gelingt hier mit der Wendung »das königliche Gesetz« eine einprägsame Kurzformel, die das Wesen des neuen Gesetzes Christi kennzeichnet. Zwar kommt die Wendung auch im griechischen Schrifttum vor, wo zunächst das Gesetz des Königs königliches Gesetz heißt. Gesetz und Königtum wurden aber auch mit andern Wendungen zusammengestellt. So nannte schon Pindar (um 518 bis nach 446 v. Chr.) das Gesetz »König aller, der Sterblichen und der Unsterblichen«. Plato aber stellt den Weisen, den er den »königlichen Menschen« nennt, sogar über das Gesetz. Der Ausdruck »königliches Gesetz« fehlt außer an unserer Stelle in der ganzen Heiligen Schrift.

Man wird es angesichts dieses Befundes für möglich halten, daß unser Verfasser über die Wendung vom königlichen Gesetz schon vor der Abfassung seiner Schrift als Bildungsgut verfügte. Er kann sie aber auch selbst geschaffen haben. Auf alle Fälle hat er ihr einen Sinn gegeben, den sie zuvor nicht hatte. Welches ist dieser Sinn? Unsere Stelle gibt als Inhalt des königlichen Gesetzes das Gebot der Nächstenliebe an, das der Verfasser in ^{12f} nochmals »Gesetz der Freiheit« nennt (1^{25}). Nach dem Maßstab dieses Gesetzes, das die Barmherzigkeit gebietet, werden die Leser einst gerichtet werden. In diesem Zusammenhang ist es kaum möglich, der Folgerung zu entgehen, daß sich der Verfasser hier der urchristlichen Überlieferung anschließt, die auch Mk 12^{28-34} Mt 22^{35-40} Lk 10^{25-36} Mt 25^{31-46} vorliegt. Es geht um die eine Gottes- (Jak 2^{5} 1^{12}) und Nächstenliebe als Zusammenfassung, Verdichtung und Sinnspitze aller Gebote des alttestamentlichen Tafelgesetzes. Königlich nennt der Verfasser dieses Gebot, weil es alle andern überragt und leitet, seinen Tätern die Königsherrschaft Gottes verheißt und gewährt (2^{5}), und weil der königliche Gesetzgeber und Richter nach diesem Gesetz urteilen wird.

2^{9-11} Dieser Abschnitt schließt über $^{6b.7}$ hinweg an ^{6a} an und führt das Thema Personenkult (2^{1-6a}) deutlich weiter, zunächst bis und mit ^{9}. Aber auch ^{10f} sind kaum für sich allein verständlich, sondern nur im Zusammenhang mit den vorausgehenden. Erst unter dieser Voraussetzung wird auch die abschließende Rolle von ^{12f} deutlich, die das königliche Gesetz (2^{8}) auf das Endgericht hin auslegen.

2^{9} ist das Gegenstück zu ^{8}. Da dieser Lev 19^{18} anführt, dürfte ^{9} auf Lev 19^{15} anspielen, wo es heißt:

Sünde, und aus dem Gesetz selbst wird offenbar, daß ihr es übertre-
ten habt. 10 Wer das ganze Gesetz hält und nur gegen ein einziges
Gebot verstößt, der hat sich gegen alle verfehlt. 11 Denn er, der gesagt
Ex 20^{14} hat: *Du sollst nicht die Ehe brechen!*, hat auch gesagt: *Du sollst nicht*
Ex 20^{13} *töten!* Wenn du nicht die Ehe brichst, aber tötest, hast du das Gesetz
übertreten. 12 Darum redet und handelt wie Menschen, die nach dem
Gesetz der Freiheit gerichtet werden. 13 Denn das Gericht ist erbar-
mungslos gegen den, der kein Erbarmen gezeigt hat. Barmherzigkeit
aber triumphiert über das Gericht.

Glaube und Tat: 2^{14-26}

14 Meine Brüder, was nützt es, wenn einer sagt, er habe Glauben, aber
es fehlen die Werke? Kann etwa der Glaube ihn retten? 15 Wenn ein
Bruder oder eine Schwester ohne Kleidung ist und ohne das tägliche

»Richte nicht ungerecht; ziehe den Geringen nicht vor, ergreife aber auch nicht Partei für den Großen.« Wer also den Reichen dem Armen wegen seines Ansehens vorzieht, hat diesem die Nächstenliebe verweigert. Er hat so gegen das königliche Gesetz gesündigt; dieses tritt als Richter gegen ihn auf und klagt ihn als Übertreter an.

2^{10f} Im Zusammenhang kann es nur darum gehen, daß einer, der das Liebesgebot verletzt, das ganze Gesetz mit allen seinen Geboten übertreten hat. Der Verfasser begründet das, indem er darauf hinweist, daß alle Gebote vom gleichen Gesetzgeber stammen, dessen Anspruch sich nicht aufteilen läßt. Auf diese Weise soll die Schwere des Verstoßes gegen die Liebe deutlich werden, nicht aber das Liebesgebot als eines unter andern gekennzeichnet werden. Das würde dem Zusammenhang und vor allem auch ^{12f} klar widersprechen.

2^{12f} Diese Verse falten abschließend aus, was schon ^{9} andeutete, wenn er von der Rolle des königlichen Gesetzes sprach, das den lieblosen Schmeichler als Übertreter überführt. Nach der Norm dieses Gesetzes wird das Endgericht ergehen. Es wird die Härte dessen, der mit seinem Nächsten kein Erbarmen hatte, mit Härte strafen. Die Barmherzigkeit aber und die Liebe des Menschen gegenüber seinem Nächsten werden das Gericht überflüssig machen (vgl. Mt $6^{12.14f}$ Lk 10^{37}). Der Verfasser nennt das Gesetz, von dem das Urteil ausgeht, in ^{12} nochmals »Gesetz der Freiheit«, weil es frei macht zur Tat der Liebe, die dem Liebenden das Gericht einst erspart.

2^{14-26} Der Verfasser nimmt in diesem zweiten Teil des laufenden Kapitels das schon mehr als einmal angeschnittene Thema des Tuns im Raum des christlichen Lebens neu auf und erörtert es mit dem Blick auf sein Verhältnis zum Glauben in seiner Art und Weise lebhaft, klar und gründlich (vgl. dazu 1^{22-27} 2^{8-13}).

2^{14-17} Der Abschnitt wird mit der Frage nach dem Nutzen eines Glaubens, der keine Werke aus sich entläßt, eröffnet. Ein Sprecher tritt auf, der zu glauben vorgibt, aber keine Werke aufzuweisen hat. Der Verfasser stellt die Frage, ob ein solcher Glaube ihn retten kann, nämlich im Endgericht (vgl. 1^{21} 4^{12}). Sogleich

Brot 16 und einer von euch zu ihnen sagt: Geht in Frieden, wärmt und
sättigt euch!, ihr gebt ihnen aber nicht, was sie zum Leben brauchen –
was nützt das? 17 So ist auch der Glaube für sich allein tot, wenn er
nicht Werke vorzuweisen hat. 18 Nun könnte einer sagen: Du hast
Glauben, und ich kann Werke vorweisen; zeig mir deinen Glauben
ohne die Werke, und ich zeige dir meinen Glauben aufgrund der
Werke. 19 Du glaubst: Es gibt nur den einen Gott. Damit hast du Dtn 6^{4}
recht; das glauben auch die Dämonen, und sie zittern. 20 Willst du
also einsehen, du unvernünftiger Mensch, daß der Glaube ohne
Werke nutzlos ist? 21 Wurde unser Vater Abraham nicht aufgrund sei- Röm 4^{1-25}
ner Werke als gerecht anerkannt? Denn er hat *seinen Sohn Isaak als* Gen 22^{9}
Opfer auf den Altar gelegt. 22 Du siehst, daß bei ihm der Glaube und
die Werke zusammenwirkten und daß erst durch die Werke der
Glaube vollendet wurde. 23 So hat sich das Wort der Schrift erfüllt:
Abraham glaubte Gott, und das wurde ihm als Gerechtigkeit angerech- Gen 15^{6}
net, und er wurde *Freund Gottes* genannt. 24 Ihr seht, daß der Mensch Jes 41^{8}
aufgrund seiner Werke gerecht wird, nicht durch den Glauben allein.
25 Wurde nicht ebenso auch die Dirne Rahab durch ihre Werke als
gerecht anerkannt, weil sie die Boten bei sich aufnahm und dann auf
einem anderen Weg entkommen ließ? 26 Denn wie der Körper ohne
den Geist tot ist, so ist auch der Glaube tot ohne Werke.

folgt ein Fallbeispiel, das für sich spricht; es dürfte wie 2^{2f} erfunden sein. In 17 wird die Folgerung gezogen. Der Glaube ohne Werke ist für sich allein tot, das heißt unfruchtbar. Der Verfasser unterstreicht damit, wie sich auch nachher zeigen wird, die Notwendigkeit, daß Glaube und Werke eine Einheit und Ganzheit bilden.

2^{18-21} Ein zweiter Sprecher tritt auf. Er wendet sich an den ersten, der aber nicht mehr als Sprecher vorgeführt wird. Der zweite Sprecher redet ihn an, bringt dessen Ansicht nochmals zur Sprache und stellt ihr seine eigene Meinung gegenüber. Während jener auf seinen Glauben ohne Werke pocht, brüstet sich der zweite mit Werken allein, die sich auf keinen Glauben stützen. Der zweite fordert dann den ersten auf, ihm doch seinen Glauben ohne Werke vorzuzeigen, und verspricht ihm spottend, falls er dazu imstande sei, ihm dann aus seinen eigenen Werken auch den Glauben sichtbar zu machen, den er nicht hat. Er führt die Spottrede weiter, indem er den, der ohne Werke zu glauben vorgibt, darauf hinweist, daß auch die Dämonen, die zu keinen guten Werken fähig sind, an den einen Gott glauben, aber vor seiner strafenden Gerechtigkeit zittern. Gestützt auf diesen Hinweis nennt er ihn zuletzt einen kurzsichtigen Menschen und fordert ihn auf, doch endlich einzusehen, daß ein Glaube ohne Werke ein Unding sei; denn auch Abraham sei aufgrund seiner Werke gerechtfertigt worden, als er seinen Sohn Isaak auf den Opferaltar gelegt habe.

2^{22-26} Damit ist die Spottrede zu Ende, und unser Verfasser meldet sich jetzt abschließend selbst wieder zu Wort. Er weist darauf hin, daß im Fall Abrahams nicht die Werke für sich Grund seiner Rechtfertigung durch Gott waren, daß vielmehr der Glaube Abrahams mit seinen Werken zusammenwirkte und durch sie vollendet wurde. So »erfüllte sich« in der Opferung Isaaks (Gen 22^{1-19}) das Schriftwort: Abraham glaubte Gott, und das wurde ihm als Gerechtigkeit angerechnet (Gen 15^{6}). In diesem Werk kam der Glaube Abrahams zum vollen Tragen. Darum erhielt Abraham auch den Namen »Freund Gottes«. Das zweite Beispiel, das der Verfasser anführt, ist die Dirne Rahab, die »gleicherweise« wie Abraham für ihren Glauben an Gott Zeugnis ablegte durch ihr Werk, indem sie die Kundschafter Israels vor dem König versteckte und ihren Heimweg sicherte (Jos 2). Mit diesen zwei Beispielen hat der Verfasser sein Ziel erreicht, zu zeigen, daß die Rechtfertigung des Menschen durch Gott vom Glauben ausgeht, der die Werke aus sich entläßt und so seine Vollendung erreicht. Glaube und Werke sind die gemeinsame Grundlage der Gerechtigkeit, wie Leib und Geist zusammen den lebendigen Menschen ausmachen.

Glaube und Werk in den Paulusbriefen und im Jakobusbrief

Der Jakobusbrief verwendet, so scheint es wenigstens, im Abschnitt 2^{14-26} den gleichen Wortschatz wie Paulus in seinen Hauptbriefen, um das Verhältnis von Glaube und Werken im Vorgang der Rechtfertigung des Menschen durch Gott darzustellen. Während aber Paulus nur eine Rechtfertigung aufgrund des Glaubens für möglich hält und jede Möglichkeit, aufgrund von Werken gerechtgesprochen zu werden, ausschließt, ist der Verfasser des Jakobusbriefs überzeugt, daß der Mensch durch den Glauben allein nicht gerechtgesprochen werden kann, sondern nur durch ein Zusammenwirken von Glaube und Werken.

Diese Gegenüberstellung krankt zunächst daran, daß die Werke, denen Paulus die Fähigkeit abspricht, zur Rechtfertigung des Menschen mitzuwirken, immer als Werke des (mosaischen) Gesetzes verstanden und meistens auch ausdrücklich als solche gekennzeichnet sind (vgl. Röm 3^{28}), während unser Verfasser im Zusammenhang 2^{14-26} nie von »Werken des Gesetzes« spricht; diese Wendung fehlt auch in den übrigen Teilen seiner Schrift. Paulus verwirft auch häufig abkürzend einfach die Rechtfertigung aufgrund des Gesetzes (vgl. Röm 10^{5f} 1 Kor 15^{56} Gal 2^{21}), eine Redensart, die unser Verfasser nicht kennt. Ferner ist zu sagen, daß er den Ausdruck »Gesetz« nie auf das mosaische Gesetz als ganzes anwendet, sondern darunter immer nur das christliche Liebesgebot versteht, ausgenommen in 2^{11}, wo er an die Zehn Gebote denkt. Das alles läßt vermuten, daß er und Paulus mit ihren ähnlichen Ausdrücken und Wendungen nicht den gleichen Sachverhalt darstellen und sich deswegen nicht wirklich widersprechen. Paulus versteht die Rechtfertigung des Menschen grundsätzlich immer als Rechtfertigung des Sünders, das heißt als Handeln Gottes, durch das er den unerlösten Menschen aus seiner Gottferne herausholt und mit sich versöhnt (vgl. Röm 3^{21-31} 5^{1-11}). Dieses Heilshandeln Gottes ereignete sich im Kreuzestod Jesu Christi und wird im Vorgang des Glaubens an dieses Heilsereignis dem Sünder, ob Jude oder Heide, von Gott zugeeignet. Mit aller Schärfe wendet sich Paulus dagegen, daß dieser Übergang aus dem unerlösten Dasein des

Sünders in die Freundschaft mit Gott durch eigene menschliche Anstrengung aufgrund von Werken des Gesetzes geschehen kann. Das Gesetz kann nach seiner Überzeugung den Sünder niemals zum Heil und zur Freiheit des Erlösten führen.

Unser Verfasser spricht vom Glauben und den Werken aus einer andern Sicht. Er faßt nicht den unerlösten Menschen ins Auge, der nach einem Weg zum Heil fragt, sondern den Christen, der schon an das Heil in Jesus Christus glaubt und durch das Wort der Wahrheit im Taufgeschehen Kind Gottes wurde. Kann er diesen Heilsstand festhalten, indem er zwar den Glauben an den einen Gott und an den Herrn Jesus Christus worthaft äußert und sich für einen Christen hält, aber nicht so lebt, wie es diesem Glauben entspricht? Auch unser Verfasser weiß, daß der Glaube ohne Werke entstand. Kann er aber ohne Werke der Liebe, die aus ihm entspringen und seine Lebenskraft verraten, weiterleben? Kann der Glaubende ohne Werke des Glaubens auf seine Rettung im Endgericht vertrauen? Gegen eine solche Auffassung des christlichen Daseins wendet sich nicht nur Jakobus, sondern auch Paulus. Für Paulus versteht es sich sozusagen von selbst, daß der Glaube als Unterstellung des ganzen Menschen unter die Herrschaft Christi, der am Kreuz aus Liebe zu uns starb, zur Ganzhingabe an Gott im Alltag drängt, zu Taten der Liebe, in denen er wirksam wird (vgl. Röm 6^{1-23} 2 Kor 5^{6-10} Gal 5^{6} 5^{13}–6^{10}).

Nach Paulus macht nicht nur der Glaube, sondern auch die Taufgnade und der Geist Gottes die Grundstruktur des gerechtgesprochenen Menschen aus. Von diesen drei Grundsteinen des erlösten Daseins handelt der Römerbrief von 3^{21}–8^{39} in drei Parallelentwürfen, ohne ihr gegenseitiges Verhältnis ganz zu erhellen. Dennoch wird klar, daß sich auf dem Glauben wie auf der Taufe und auf dem Geist Gottes das christliche Dasein in Hoffnung und liebender Hingabe an Gott aufbaut und entfaltet, bis es in das volle Leben der Herrlichkeit Christi und des Vaters mündet. Was Jakobus in 2^{14-26} Werke des Glaubens nennt, das versteht Paulus in Gal 5^{22f} als Früchte des Geistes. Die Denkstrukturen unseres Verfassers sind aber reicher als diese vereinfachte Sicht, die im erwähnten Abschnitt die Darstellung prägt. So setzt sein Schreiben, wie wir gesehen haben, das Wort der Wahrheit und das eingepflanzte Wort mit der Heilsbotschaft Christi gleich und nennt es später das königliche Gesetz der Freiheit, das den Glaubenden zu einem vollkommen Liebenden heranreifen läßt. Das Wort der Wahrheit macht den Menschen zum Kind des Vaters und zum Erstling einer neuen Schöpfung und wirkt von seinem Innern her als königliches Gesetz das liebeerfüllte Dasein des Christen. Das gleiche gilt aber auch vom lebendigen Glauben, der die Werke der Liebe aus sich freigibt und mit ihnen zusammen die Einheit und Ganzheit des christlichen Lebens in dieser Zeit gestaltet. So sind nach unserm Verfasser das eingepflanzte Wort der Wahrheit, die Taufgnade und der Glaube zusammen jedenfalls die Grundsteine des christlichen Alltags. Doch gehört in diesen Zusammenhang auch die Weisheit, die den Glauben zur Vollkommenheit führt (1^{2-8}) und in 3^{13-18}, selbst von oben stammend, die Früchte der Reinheit, des Friedens und der Güte aus sich entläßt und dem ganzen christlichen Dasein das Gepräge der Rechtfertigung und Gerechtigkeit verleiht, die am Ende zur vollen Entfaltung herangereift ist.

Die Macht der Zunge: 3^{1-12}

3[1] Nicht so viele von euch sollen Lehrer werden, meine Brüder. Ihr
wißt, daß wir im Gericht strenger beurteilt werden. [2] Denn wir alle
verfehlen uns in vielen Dingen. Wer sich in seinen Worten nicht ver-
fehlt, ist ein vollkommener Mann und kann auch seinen Körper völlig
im Zaum halten. [3] Wenn wir den Pferden den Zaum anlegen, damit
sie uns gehorchen, lenken wir damit das ganze Tier. [4] Oder denkt an

Man wird sich kaum täuschen, wenn man diese Weisheit nicht nur als Parallelentwurf zum vollkommenen Glauben in unserm Schreiben, sondern auch zum Geist Gottes in den Paulusbriefen versteht (vgl. Weish 1^{4-7} $7^{7.22-27}$).

Im Licht des Weisheitsdenkens unseres Verfassers und entsprechend den andern oben genannten Leitgedanken unserer Schrift kann man auch nicht davon reden, daß die Mahnungen zum Tun und zu den Werken des Glaubens hier als reine Forderung erscheinen und dem Gnadengepräge des Christenlebens in den Paulusbriefen widersprechen. Sie entsprechen vielmehr der Gabe der Gotteskindschaft und dem von Gott eingepflanzten Wort der Heilsbotschaft und sind getragen vom Glauben und der Weisheit von oben, deren Werke und Früchte sie im Verein mit der Gnade Gottes reifen lassen sollen.

3^{1-12} Der Verfasser greift unerwartet einen neuen Gegenstand auf (vgl. aber $1^{19.26}$). Er spricht von Lehrern, vom Wort, mit dem man Anstoß erregt, das man aber auch zügeln kann. Dann tritt die zerstörerische Macht der Zunge in den Vordergrund, das Unheil, das sie anrichtet, weil sie kaum zu zügeln ist. Zuletzt folgt die eindringliche Mahnung, die Zunge doch nur zum Guten zu gebrauchen. All das kleidet der Schreiber in eine wahre Flut von Bildern und Vergleichen, deren Ausdruckskraft, Lebendigkeit und ungestümer Wechsel einem fast den Atem verschlägt. Hier redet ein schöpferischer Gestalter, obschon eine Reihe seiner Vergleiche auch im hellenistischen wie im biblischen Schrifttum zerstreut zu finden sind.

3^{1f} Unsere Schrift hat hier jedenfalls christliche Gemeinden vor Augen. In ihnen gab es eine erhebliche Anzahl von Christen, die das Ziel anstrebten, Lehrer zu werden und durch ihr Wort Einfluß auszuüben. Solche Lehrer leiteten nach Apg 13^{1f}, wenigstens in Antiochien, auch den Gemeindegottesdienst. Es gab in dieser Frühzeit aber auch Wanderlehrer, die von Gemeinde zu Gemeinde zogen. Die Gefahr lag nahe, daß die Lehrer verschiedene Auffassungen von Lehre und Überlieferung gegeneinander ausspielten und daß es unter ihnen auch zum Streit um Ansehen und Macht kam. Vor solchen Entartungen christlichen Lebens warnt unser Verfasser, der jedenfalls selbst ein Lehrer war. Lehrer haben vor Gott eine größere Verantwortung als die übrigen Christen. Nur wer sein Wort im Zaum hält, ist vollkommen. Nur er kann als Verkünder seinen Brüdern und Schwestern einen Dienst erweisen und den »Leib«, das heißt vermutlich eine Gemeinde leiten (vgl. 1 Kor 12^{12-27}).

3^{3-5a} Vielleicht denkt unser Schreiber auch hier noch an die Lehrer, die er zuvor angesprochen hat. Mit dem Wort ihrer Zunge können sie, so

die Schiffe: Sie sind groß und werden von starken Winden getrieben,
und doch lenkt sie der Steuermann mit einem ganz kleinen Steuer,
wohin er will. 5 So ist auch die Zunge nur ein kleines Körperglied und
rühmt sich doch großer Dinge. Und wie klein kann ein Feuer sein,
das einen großen Wald in Brand steckt. 6 Auch die Zunge ist ein
Feuer, eine Welt voll Ungerechtigkeit. Die Zunge ist der Teil, der
den ganzen Menschen verdirbt und das Rad des Lebens in Brand
setzt; sie selbst aber ist von der Hölle in Brand gesetzt. 7 Denn jede
Art von Tieren, auf dem Land und in der Luft, was am Boden kriecht
und was im Meer schwimmt, läßt sich zähmen und ist vom Menschen
auch gezähmt worden; 8 doch die Zunge kann kein Mensch zähmen,
dieses ruhelose Übel, voll von tödlichem Gift. 9 Mit ihr preisen wir
den Herrn und Vater, und mit ihr verfluchen wir die Menschen, die
als Abbild Gottes erschaffen sind. 10 Aus ein und demselben Mund Gen 1^{26f}
kommen Segen und Fluch. Meine Brüder, so darf es nicht sein.
11 Läßt etwa eine Quelle aus derselben Öffnung süßes und bitteres
Wasser hervorsprudeln? 12 Kann denn, meine Brüder, ein Feigenbaum
Oliven tragen oder ein Weinstock Feigen? So kann auch eine salzige
Quelle kein Süßwasser hervorbringen.

klein diese ist, eine ganze Gemeinde führen, wie ein Steuermann mit seinem kleinen Steuer ein großes Schiff lenken kann. Der Text kann aber auch allgemein von Christen verstanden werden.

3^{5f} So klein die Zunge ist, so sehr rühmt sie sich häufig, was sie alles ausrichten und »anstellen« kann. Sie erscheint dem Verfasser wie eine Welt voll Bosheit und Unrecht. Sie verseucht den ganzen Menschen. Wie ein kleines Feuer einen Wald vernichten kann, steckt sie das »Rad des Lebens«, nämlich das ganze Auf und Ab eines Menschenlebens in Brand, wenn sie selbst einmal vom Feuer der Hölle, das heißt von den Mächten des Bösen in Brand gesteckt ist.

3^{7f} Der Verfasser geht nun von den Wirkungen, die eine Zunge auslösen kann, auf die Frage nach den Möglichkeiten über, dem verderblichen Tun der Zunge Einhalt zu gebieten. Wieder greift er zu Vergleichen, um sich verständlich zu machen. Ein kräftiger Schuß Übertreibung gehört, wie schon zuvor, zu seiner Art, sich auszudrücken und sein Ziel zu erreichen. Der Mensch vermag alle Arten wilder Tiere zu zähmen. Nur die Zunge kann er sich nicht unterwerfen. Ihr Redefluß und ihre Wortgewalt läßt sich kaum eindämmen. Ihr Gift bringt den Tod.

3^{9-12} Wieder wird der Hintergrund des christlichen Lebens und der Gemeinde sichtbar. Mit der Zunge preisen wir unsern Herrn und Vater (vgl. Mt 11^{25}), und mit der gleichen Zunge verfluchen wir unsere Mitchristen, die Abbilder Gottes (Gen 1^{26f}). Das darf doch nicht sein! Was wir in der Natur rings um uns sehen und erfahren, ist gerade das Gegenteil von dem, was unser Mund tut.

3^{13} Manche Ausleger fassen diesen Vers als Schluß des Abschnitts 3^{1-12} auf. Jedenfalls darf man annehmen, er verbinde den Abschnitt mit 3^{14-18}. Nach 1^{4f} wird nämlich die Ausdauer und Vollendung des Glaubens durch die Weisheit erreicht; sie fällt eigent-

Die Weisheit von oben: 3^{13-18}

13 Wer von euch ist weise und verständig? Er soll in weiser Beschei-
denheit die Taten eines rechtschaffenen Lebens vorweisen. 14 Wenn
aber euer Herz voll ist von bitterer Eifersucht und von Ehrgeiz, dann
prahlt nicht, und verfälscht nicht die Wahrheit! 15 Das ist nicht die
$1^{5.17}$ Weisheit, die von oben kommt, sondern eine irdische, eigennützige,
teuflische Weisheit. 16 Wo nämlich Eifersucht und Ehrgeiz herrschen,
da gibt es Unordnung und böse Taten jeder Art. 17 Doch die Weisheit
von oben ist erstens heilig, sodann friedlich, freundlich, gehorsam,
voll Erbarmen und reich an guten Früchten, sie ist unparteiisch, sie
heuchelt nicht. 18 Wo Frieden herrscht, wird (von Gott) für die Men-
Hebr 12^{11} schen, die Frieden stiften, die Saat der Gerechtigkeit ausgestreut.

lich mit ihr zusammen. Solche Vollkommenheit erlangt aber einer nach 3^{2} auch dann, wenn er sein Wort so zu zügeln vermag, daß er sich an seinen Brüdern und Schwestern nicht versündigt. Das ist freilich nur mit menschlicher Kraft kaum zu erreichen und ist doch von einem Lehrer, ja von allen Christen verlangt (3^{1-12}). In dieser Ausweglosigkeit menschlichen Sich-Mühens kann nur die Weisheit von oben helfen ($3^{15.17}$). Ihr Kennzeichen ist nämlich Gelassenheit und freundliche Milde. Wer in der Gemeinde als weise gelten oder als Lehrer wirken will, der erweise durch ein einwandfreies Verhalten seine Werke als Früchte dieser Weisheit.

3^{14-16} Wenn aber die angesprochenen Christen einander zu überbieten suchen und ihr Herz von bitterer Eifersucht erfüllt ist, dann sollen sie nicht gegen die Wahrheit sündigen und einander noch verächtlich machen. Das wäre ein Zeichen, daß ihre vorgebliche Weisheit nicht von oben kommt, sondern von unten, irdisch geprägt ist und unter dem Einfluß böser Mächte steht. Solche Voraussetzungen verursachen in den Gemeinden nur Aufregung und Unordnung und noch Schlimmeres.

3^{17} Der Verfasser zählt nun die wichtigsten Eigenschaften der Weisheit, die von oben kommt, auf. Zuallererst ist sie lauter und rein; die Einheitsübersetzung sagt weniger genau »heilig«. Dann ist sie friedfertig. Weil sie den Frieden sucht, ist sie auch nachgiebig, versöhnlich und dienstwillig. Sie ist ferner reich an Erbarmen und an guten Früchten; unter diesen wird man sich vor allem Früchte der Menschlichkeit und Güte vorstellen. Nicht zuletzt ist die Weisheit unparteiisch und ihre Liebe ungeheuchelt. Alle diese Eigenschaften, die sich im Verhalten und Tun der Christen auswirken, zeigen, wie der Christ durch die Weisheit von oben vollkommen wird, diese also den Glauben durch die von ihm ausgehenden Werke vollendet (2^{22}) und sich in diesem gereiften Glauben ausprägt und offenbart (1^{4f}).

3^{18} Dieser abschließende Vers dürfte im strengen Sinn endzeitlich, das heißt von der Vollendung der Menschheitsgeschichte zu verstehen sein. Die Wendung des griechischen Textes »Frucht der Gerechtigkeit« findet sich nämlich im NT nur noch Phil 1^{11} und Hebr 12^{11}, beidemal in einem endzeitlichen Zusammenhang. Phil 1^{9-11} bittet Paulus Gott darum, er möge die Liebe der Gemeinde mehr und mehr überströmen

Warnung vor Zwietracht und Weltsinn: 4[1–12]

4[1] Woher kommen die Kriege bei euch, woher die Streitigkeiten?
Doch nur vom Kampf der Leidenschaften in eurem Innern. [2] Ihr be-
gehrt und erhaltet doch nichts. Ihr mordet und seid eifersüchtig und
könnt dennoch nichts erreichen. Ihr streitet und führt Krieg. Ihr er-
haltet nichts, weil ihr nicht bittet. [3] Ihr bittet und empfangt doch
nichts, weil ihr in böser Absicht bittet, um es in eurer Leidenschaft zu
verschwenden. [4] Ihr Ehebrecher, wißt ihr nicht, daß Freundschaft mit
der Welt Feindschaft mit Gott ist? Wer also ein Freund der Welt sein
will, der wird zum Feind Gottes. [5] Oder meint ihr, die Schrift sage

lassen, so daß die Philipper »am Tag Christi« rein und untadelig seien, durch Jesus Christus erfüllt von der Frucht der Gerechtigkeit. Hier und Hebr 12[11] ist diese Gerechtigkeit kaum etwas anderes als der Kern und Gehalt der Frucht. Das gleiche ist jedenfalls in unserem Text gemeint. Unser Verfasser will mit seinem Satz sagen, daß die Gerechtigkeit im Raum des vollendeten Friedens als endzeitliche Frucht denen zufallen und von Gott jetzt für die gesät werde, die hier kraft ihrer Weisheit von oben Frieden und Versöhnung stiften (3[17]; vgl. Mt 5[9] Hebr 12[11]: die »friedvolle« Frucht der Gerechtigkeit).

4[1–10] Es ist nicht abwegig, den vorliegenden Abschnitt thematisch wenigstens mit 3[14.16] zu verknüpfen und in ihm Hinweise auf die Gründe für den dort angesprochenen Unfrieden in den Christengemeinden zu finden. Auch die damit gegebene Kontrastwirkung des Abschnitts zu 3[13.17f], wo vom Segen der Weisheit von oben und vom Frieden gesprochen wird, ist ein Band zwischen den Kapiteln 3 und 4. Für die Auslegung ist es wichtig zu sehen, daß der Verfasser auch hier zu Übertreibungen Zuflucht nimmt, um sich so deutlich wie möglich auszudrücken.

4[1–3] Wortschatz und Vorstellungen dieser Verse weisen auf das Bild des Krieges hin. Die Leidenschaften, das Wunschdenken und die Sehnsucht nach den Freuden des Lebens spielen die Rolle von Kriegstreibern. Sie sind es eigentlich, die aufrüsten und in den Kampf ziehen, um Eroberungen zu machen. Aber ihr Mangel an Wirklichkeitssinn und Maß läßt sie scheitern. Sie stürzen sich in den Kampf auf Leben und Tod, doch ohne Erfolg. Die Bildvorstellung wird mit dem Hinweis auf das Bittgebet durchbrochen. Wenn die angesprochenen Christen ihre Wünsche und Sehnsüchte Gott vortragen würden, dann würden sie vielleicht etwas erreichen. Aber auch ihre Bitten sind zum Scheitern verurteilt, weil sie das, was Gott ihnen gewähren möchte, nur ihrem Wunschdenken opfern und sinnlos verschwenden würden, statt es in den Dienst Gottes zu stellen.

4[4] Der Verfasser redet die Christen, die er meint, jetzt als Ehebrecher an. Er knüpft damit an die alttestamentliche Vorstellung vom Gott Israels als Eheherr seines Volkes an. Wenn es ihm untreu wurde, indem es andern Göttern nachlief, galt es als Ehebrecherin. Diese Vorstellung wendet der Verfasser hier auf jene Christen an, die sich an ihre Leidenschaften und ihr Wunschdenken verlieren, indem sie mit der gottfeindlichen Welt Freundschaft schließen.

ohne Grund: Eifersüchtig sehnt er sich nach dem Geist, den er in uns
wohnen ließ. 6 Doch er gibt noch größere Gnade; darum heißt es
Spr 3^{34G} auch: *Gott tritt den Stolzen entgegen, den Demütigen aber schenkt er*
1 Petr 5^{5} *seine Gnade.* 7 Ordnet euch also Gott unter, leistet dem Teufel Wider-
1 Petr 5^{8f} stand; dann wird er vor euch fliehen. 8 Sucht die Nähe Gottes; dann
wird er sich euch nähern. Reinigt die Hände, ihr Sünder, läutert euer
Herz, ihr Menschen mit zwei Seelen! 9 Klagt und trauert und weint!
Lk 6^{25} Euer Lachen verwandle sich in Trauer, eure Freude in Betrübnis.
1 Petr 5^{6} 10 Demütigt euch vor dem Herrn; dann wird er euch erhöhen.
11 Verleumdet einander nicht, Brüder! Wer seinen Bruder verleumdet
oder seinen Bruder verurteilt, verleumdet das Gesetz und verurteilt
das Gesetz; wenn du aber das Gesetz verurteilst, handelst du nicht

Solche Christen werden ihrem Gott untreu und fallen von ihm ab. Sie sind jetzt auch selbst Feinde Gottes.

4^{5f} Der Geist, nach dem sich Gott eifersüchtig sehnt, ist der Geist, den er dem Menschen als Schöpfer eingehaucht hat (Gen 2^{7} Ex 34^{14}). Gott erwartet, daß dieser Geist seine Herkunft nicht verleugnet, sondern ihm treu bleibt. Wenn er das tut, dann wird Gott diesem Menschen noch größere Gnade schenken. Denn seine Treue zeigt, daß er zu den Demütigen gehört, die sich nicht stolz gegen ihren Schöpfer auflehnen.

4^{7-10} Der Verfasser fordert nun die Christen, die in Gefahr stehen, der gottlosen Welt zu verfallen, auf, sich Gottes Herrschaft zu unterstellen. Er hofft, daß seine scharfen Worte manche der Angesprochenen nachdenklich gestimmt haben. Sie sollen dem Teufel, der sie verlockt hatte, Widerstand leisten; dann wird er von ihnen ablassen und fliehen. Sie sollen Gottes Nähe aufsuchen; dann wird Gott auch ihnen wieder nahekommen. Wer schon gesündigt hat, soll seine schmutzigen Hände reinigen. Wer unentschlossen zwischen der Liebe zur Welt und zu Gott geschwankt hat, der soll seine Gedanken klären, sein Herz von der Anhänglichkeit an das Böse lösen und sich läutern lassen. Der Verfasser fordert schließlich jene, die sich schon ganz der Welt verschrieben haben, zur entschiedenen Umkehr und Buße auf. Sie sollen das Elend, in das sie gestürzt sind, erkennen und ihre Reue durch lautes Wehklagen äußern. Ihr gottvergessenes Gelächter soll sich in Trauer verwandeln, ihre weltselige Freude in Niedergeschlagenheit. Sie sollen vor Gott klein werden; dann wird er sie wieder erhöhen (vgl. 1 Petr 5^{6} Spr 3^{34}).

4^{11f} Die beiden Verse greifen ein neues Thema auf, schlagen aber auch einen neuen Ton an. Der Verfasser redet endlich wieder seine Brüder an. Die harte Schelte in 4^{1-10} geht in eine mehr lehrhafte Ermahnung über. Die Brüder sollen einander nicht verleumden, aber auch nicht selbstgerecht richten und verurteilen (vgl. Mt 7^{1f}). Das ist kein Verhalten unter Brüdern und Schwestern. Damit soll freilich nicht der Mut getadelt werden, einander, wenn es nötig ist, liebevoll zu ermahnen. Wer aber den Bruder verleumdet, verleumdet das Gesetz; wer ihn lieblos richtet, wirft sich zum Richter über das Gesetz auf, das gebietet, den Nächsten zu lieben (Lev 19^{18}). So ist er nicht mehr ein Täter des Gesetzes, sondern maßt sich an, über die Anwendbarkeit oder Nichtan-

nach dem Gesetz, sondern bist sein Richter. 12 Nur einer ist der Ge-
setzgeber und Richter: er, der die Macht hat, zu retten und zu ver-
derben. Wer aber bist du, daß du über deinen Nächsten richtest?

Warnung vor Selbstsicherheit: 4^{13-17}

13 Ihr aber, die ihr sagt: Heute oder morgen werden wir in diese oder
jene Stadt reisen, dort werden wir ein Jahr bleiben, Handel treiben
und Gewinne machen –, 14 ihr wißt doch nicht, was morgen mit
eurem Leben sein wird. Rauch seid ihr, den man eine Weile sieht;
dann verschwindet er. 15 Ihr solltet lieber sagen: Wenn der Herr will,
werden wir noch leben und dies oder jenes tun. 16 Nun aber prahlt ihr
voll Übermut; doch all dieses Prahlen ist schlecht. 17 Wer also das
Gute tun kann und es nicht tut, der sündigt.

Warnung an die hartherzigen Reichen: 5^{1-6}

5 1 Ihr aber, ihr Reichen, weint nur und klagt über das Elend, das
euch treffen wird. 2 Euer Reichtum verfault, und eure Kleider werden Mt 6^{19}

wendbarkeit des Gesetzes zu urteilen. Doch nur einem steht es zu, zu urteilen und zu richten, ihm, der die Macht hat, endgültig zu retten und zu verderben. Diese Feststellung ermöglicht die treffende Schlußfrage des Verfassers: Wer aber bist du, daß du über deinen Nächsten richtest?

4^{13-17} Der kleine Abschnitt schließt an das Thema Weltliebe an, das $^{1-10}$ prägte. Der Schreiber hat (christliche) Kaufleute im Auge, die von ihrer Absicht reden, am nächsten oder übernächsten Tag in eine andere Stadt zu reisen und dort während eines Jahres Handel zu treiben. Sie rechnen nicht mit der Möglichkeit, daß ihr Plan unerwartet durchkreuzt werden könnte. Sie rechnen vor allem nicht mit Gott, der über ihrem Leben und Treiben steht und die Wege der Menschen lenkt. Sie könnten morgen auch schon tot sein; denn ihr Dasein in dieser Welt ist wie Rauch, der entsteht und vergeht. Warum fügen sie ihren Plänen nicht den Vorbehalt hinzu: Wenn der Herr will? (vgl. 1 Kor 4^{19} 16^{7} Apg 18^{21} Hebr 6^{3}). Ihr Prahlen ist Sünde; denn als Christen müßten sie wissen, was sich in ihrem Fall schickt.

5^{1-6} Der Übergang von den Kaufleuten, die in eine andere Stadt ziehen, um dort durch Handel ihren Reichtum zu mehren (4^{13-17}), zu den Reichen in unserm Abschnitt ist leicht verständlich. Während aber jene Kaufleute Christen sind, ist hier von den Reichen in einer umfassenderen Sicht die Rede. Auch werden sie nicht zur Umkehr aufgefordert; das Gericht über sie scheint unausweichlich. Jene Kaufleute aber können ihre Einstellung noch ändern. Der Stil unseres Abschnitts hat viele Parallelen in den Klagen und Gerichtsreden der alttestamentlichen Propheten gegen die Reichen (vgl. auch 1^{9-11}).

5^{1} Die Reichen werden zunächst aufgefordert, über das Unheil, das drohend auf sie zukommt, jetzt schon zu weinen und zu »heulen«. Dieses

von Motten zerfressen. 3 Euer Gold und Silber verrostet; ihr Rost
wird als Zeuge gegen euch auftreten und euer Fleisch verzehren wie
Feuer. Noch in den letzten Tagen sammelt ihr Schätze. 4 Aber der
Lohn der Arbeiter, die eure Felder abgemäht haben, der Lohn, den
ihr ihnen vorenthalten habt, schreit zum Himmel; die Klagerufe
derer, die eure Ernte eingebracht haben, dringen zu den Ohren des
Herrn der himmlischen Heere. 5 Ihr habt auf Erden ein üppiges und
Jer 12^{3} ausschweifendes Leben geführt, und noch am Schlachttag habt ihr
25^{34} euer Herz gemästet. 6 Ihr habt den Gerechten verurteilt und umge-
bracht, er aber leistete euch keinen Widerstand.

Unheil ist der Verlust ihrer Reichtümer und das Gericht über ihre Untaten.

5^{2f} Die Schätze der Reichen zeigen schon Zeichen ihrer Vergänglichkeit. Sie faulen; ihre Prunkkleider werden von Motten zerfressen; ihr Gold und Silber rostet, das heißt es wird in ihren Truhen unansehnlich, statt daß die Eigentümer es verwenden würden, um die Löhne ihrer Landarbeiter auszuzahlen (^{4}). So wird der »Rost« ihrer Schätze am Gerichtstag als Zeuge gegen sie auftreten und ihr »Fleisch« wie Feuer verzehren. ^{3} schließt mit der sarkastischen Festellung, daß die Angesprochenen ihre Schätze in den »letzten Zeiten« aufgehäuft haben, wo sie sich eigentlich auf das nahende Gericht hätten rüsten sollen.

5^{4} Der Verfasser setzt voraus, daß die Reichen, denen er das Gericht androht, Großgrundbesitzer sind. In ihren Händen war damals in den Provinzen des römischen Reiches ein großer Teil der Anbauflächen. Sie stellten Lohnarbeiter an, denen die anfallende Landarbeit oblag. In den Erntezeiten wurden zusätzlich Taglöhner eingestellt, die nach Abschluß der Ernte wieder entlassen wurden (vgl. Mt 20^{1-16}). Der Verfasser wirft den Besitzern vor, daß sie ihren Arbeitern den Lohn vorenthalten haben. Aber Gott hört das Klagegeschrei dieser Armen und Entrechteten (vgl. auch Dtn 24^{14f} Sir 34^{25-27} Ps 18^{7}).

5^{5} Hier wird mit Ausdrücken, die an Deutlichkeit nichts zu wünschen übriglassen, das Prassen der Reichen geschildert, das letztlich auf Kosten der Armen ging, die sie um ihren Lohn geprellt hatten. »Ihr habt euer Herz am Tag des Schlachtens gefüttert.« Um was für einen Schlachttag handelt es sich hier? Wenn man darauf achtet, daß der Ausdruck wahrscheinlich eine Anspielung auf Jer 12^{3} ist und parallel zum letzten Satz in unserm Vers ^{3} steht, wird man annehmen dürfen, daß es – mit einer übertreibenden Vorausnahme – um den Gerichtstag geht, an dem Gott die Frevler vertilgen wird. Der ganze Abschnitt ist doch auf diesen Tag ausgerichtet, und der folgende Abschnitt ist in engem Zusammenhang damit eine Mahnung an alle »Brüder«, ihr Leben auf die nahe Ankunft des Herrn einzustellen.

5^{6} Der Satz wirft den Reichen abschließend vor, daß sie darauf ausgingen, den Gerechten vor den Richter zu schleppen, verurteilen und hinrichten zu lassen, jedenfalls weil er es gewagt hatte, ihr frevelhaftes Treiben zu brandmarken. Jetzt, da er nicht mehr am Leben ist, kann er ihnen nicht mehr Widerstand leisten (vgl. Weish 2^{10-20}). Die Einheitsübersetzung verlegt diese letzte Aussage allerdings in die Vergangenheit und

Mahnung zur Ausdauer: 5^{7-11}

[7] Darum, Brüder, haltet geduldig aus bis zur Ankunft des Herrn!
Auch der Bauer wartet auf die kostbare Frucht der Erde, er wartet
geduldig, bis im Herbst und im Frühjahr der Regen fällt. [8] Ebenso ge-
duldig sollt auch ihr sein. Macht euer Herz stark, denn die Ankunft
des Herrn steht nahe bevor. [9] Klagt nicht übereinander, Brüder, da- Mt 7^{1f}
mit ihr nicht gerichtet werdet. Seht, der Richter steht schon vor der Mk 13^{29}
Tür. [10] Brüder, im Leiden und in der Geduld nehmt euch die Prophe-
ten zum Vorbild, die im Namen des Herrn gesprochen haben. [11] Wer

versteht sie offenbar im Sinn von Mt 5^{39-41}. Aber der griechische Text braucht im Gegensatz zu den vorausgehenden Vergangenheitsformen hier die Gegenwart.

5^{7f} Der Verfasser verbindet die Mahnung zur Geduld mit einem »also« oder »darum« ausdrücklich mit der vorausgehenden Gerichtsrede gegen die Reichen. Diese Verknüpfung ist aber als Rückbezug auf einen Teil des vorliegenden Schreibens zu verstehen und darf kaum so gedeutet werden, daß die jetzt angesprochenen Brüder zu den Armen gehören, denen die Reichen in 5^{1-6} den Lohn vorenthalten hätten. Der Schreibende setzt nur voraus, daß sie zum Teil einer ärmern Schicht des Volkes entstammen (vgl. 1^{9} 2^{5f}) und manche von ihnen auch ähnliche Erfahrungen wie die Lohnarbeiter in 5^{4} gemacht haben können.

Sie und alle seine Leser ermahnt er zur Langmut und Geduld in den Schwierigkeiten und Nöten des Lebens »bis zur Parusie (= Ankunft) des Herrn«. Dieser Ausdruck kommt im NT 16mal für die endzeitliche Ankunft des erhöhten Christus zur Vollendung der Welt vor. Es gibt keine hinreichenden Gründe, hier eine andere Bedeutung anzunehmen. Die Mahnung zum Ausharren wird durch ein Beispiel aus der Erfahrungswelt der Leser verstärkt. Ein Kleinbauer, der – wie es das damals auch noch gab – der mit seiner Familie vom dem Ertrag seines Landes lebt, wartet sehnsüchtig, aber auch geduldig auf die kostbare Frucht der Erde und auf den Frühregen und Spätregen, wie er in Palästina und Syrien fiel, die Aussaat ermöglichte und eine gute Ernte sicherte. So sollen auch die Brüder und Schwestern in den christlichen Gemeinden ausharren und angesichts der täglichen Sorgen und Anfechtungen ihre Herzen stärken; »denn die Ankunft des Herrn ist nahegekommen«.

5^{9} Zur Geduld im Alltag gehört auch das Ertragen der Schwierigkeiten, zu denen die Angehörigen und Nachbarn und die Brüder und Schwestern in den Gemeinden Anlaß geben. Ein friedliches Zusammenleben ist nur möglich, wenn man auch die Fehler des andern erträgt und jedem einen Raum gewährt, in dem er gewissermaßen ein Stück Narrenfreiheit genießt. In diesem Raum darf man nicht richten und verurteilen (vgl. Mt 7^{1f}). Der Richter, der allein darüber urteilt, steht aber vor der Tür.

5^{10f} Unsere Schrift weist nun abschließend auf das Beispiel der Propheten und des Dulders Ijob hin. Die Propheten litten unter Schmähungen und Verfolgungen, weil sie standhaft und treu das Wort Gottes ausrichteten. Der Lobpreis ihres Mutes und ihrer Geduld war damals im Judentum wie im Christentum üblich (vgl.

Ijob 42^{10-17} geduldig alles ertragen hat, den preisen wir glücklich. Ihr habt von der Ausdauer des Ijob gehört und das Ende gesehen, das der Herr
Ps 103^{8}, 116^{5} herbeigeführt hat. Denn der Herr ist voll Erbarmen und Mitleid.

Warnung vor dem Schwören: 5^{12}

Mt 5^{34-37} 12 Vor allem, meine Brüder, schwört nicht, weder beim Himmel noch bei der Erde noch irgendeinen anderen Eid. Euer Ja soll ein Ja sein und euer Nein ein Nein, damit ihr nicht dem Gericht verfallt.

DIE MACHT DES VERTRAUENSVOLLEN GEBETS: 5^{13-18}

13 Ist einer von euch bedrückt? Dann soll er beten. Ist einer fröhlich?
Dann soll er ein Loblied singen. 14 Ist einer von euch krank? Dann
rufe er die Ältesten der Gemeinde zu sich; sie sollen Gebete über ihn

Hebr 11^{32-38}). Die Leser unserer Schrift haben im Wortgottesdienst ihrer Liturgie auch die Geschichte von Ijob und seiner Geduld im Leiden gehört. Sie haben aber auch das gute Ende, das der Herr ihm schenkte, miterlebt. Er ist der Herr, reich an Güte und Erbarmen.

5^{12} Die Warnung vor dem Schwören wird der Verfasser aus einer Jesusüberlieferung geschöpft haben, die auch Mt in der Bergpredigt verwendete (5^{34-37}). Der Vers hat diese Überlieferung durch seinen Schluß dem Zusammenhang vom Gericht eingefügt (5^{9}). Ihre Fassung an unserer Stelle ist einfacher als die der Bergpredigt und im Urtext auch deutlicher als jene. Der Sinn, den Jesus dem Schwurverbot gab, dürfte durch die Worte: »Euer Ja sei ein Ja, euer Nein ein Nein« richtig wiedergegeben sein. Ob Mt dies in seinem griechischen Text auch so meinte, ist nicht sicher. Der Hinweis auf das Gericht Gottes am Ende des Verses soll auf die großen Gefahren aufmerksam machen, die das häufige Schwören mit sich bringt (vgl. Sir 23^{11}).

5^{13-15} Die sprachlich-formale Gestaltung der drei ersten Sätze fällt im Urtext durch ihre Knappheit und Ausdruckskraft auf. Dreimal folgt einer als Feststellung getarnten Annahme ein entsprechender kurzer Aufruf. Die erste Annahme rechnet mit einem Unglück, das jemanden in der Gemeinde trifft. Er soll beten. Zweifellos denkt der Verfasser an ein gläubiges und vertrauensvolles Gebet, das Gott erhören wird (vgl. 1^{5-8}), indem er dem Beter Kraft gibt, das Unglück zu tragen und damit fertig zu werden. Wer fröhlich ist, soll Gott ein Loblied singen (vgl. Ps 30^{9-13}). Wer krank ist, soll die Ältesten der Gemeinde rufen lassen. Sie sollen am Lager des Kranken beten und ihn im Namen des Herrn mit Öl salben. Das gläubige Gebet wird ihn nach der Überzeugung des Schreibenden wieder gesund machen, und der Herr wird ihn aufrichten (vgl. Mk 1^{31}). Das könnte voraussetzen, daß die Ältesten auch mit dem Charisma der Krankenheilung ausgestattet sind. Die Aufforderung des Verfassers knüpft vermutlich an die Jesusüberlieferung über die Aussen-

sprechen und ihn im Namen des Herrn mit Öl salben. 15 Das gläubige
Gebet wird den Kranken retten, und der Herr wird ihn aufrichten;
wenn er Sünden begangen hat, werden sie ihm vergeben. 16 Darum
bekennt einander eure Sünden, und betet füreinander, damit ihr ge-
heilt werdet. Viel vermag das inständige Gebet eines Gerechten. 1 Kön 17–18
17 Elija war ein Mensch wie wir; er betete inständig, es solle nicht reg- Lk 4^{25}
nen, und es regnete drei Jahre und sechs Monate nicht auf der Erde.
18 Und er betete wieder; da gab der Himmel Regen, und die Erde
brachte ihre Früchte hervor.

dung der Jünger Jesu an, die viele Kranke mit Öl salbten und sie so heilten (vgl. Mk 6^{7-13}). Sie verbanden ihre Heilungstätigkeit mit der Verkündigung des Gottesreiches und führten so das Wirken Jesu unter dem Volk weiter. Mit der Wendung »im Namen des Herrn« in unserm Text dürfte die Anrufung des Namens Jesu gemeint sein, auf dessen Heilungsmacht der Kranke vertrauen soll. Von der Anrufung des Namens Jesu, die geschah, um Besessene und Kranke zu heilen, berichten manche Stellen der Apg wie $3^{6.16}$ $4^{7.10}$ 9^{34}.

Der Text schließt mit der Verheißung: »Wenn er (der Kranke) Sünden begangen hat, wird er Vergebung erlangen.« Hier wird vorausgesetzt, daß der Kranke, der gesalbt werden soll, kein Sünder sein muß, daß also seine Krankheit auch nicht eine Folge der Sünde zu sein braucht. Gebet und Zeichenhandlung der Ältesten erwirken ihm aber Vergebung allfälliger Sünden, wenn er auf ihre Fürbitte und auf Gott vertraut.

5^{16-18} Der Text kommt im Anschluß an das über die Krankensalbung Gesagte und die damit allenfalls verbundene Sündenvergebung auf das Thema Sündenbekenntnis zu sprechen. Die Christen werden allgemein aufgefordert, einander ihre Sünden zu bekennen und füreinander um »Heilung« – nicht um Heiligung – zu beten. Heilung ist hier jedenfalls als Sündenvergebung verstanden, analog zur Heilung einer Krankheit. Es wird ja keineswegs vorausgesetzt, daß alle sündigen Christen einer Gemeinde leiblich krank seien. Aber es wird auch nicht gesagt, in welcher Weise das Sündenbekenntnis geschehen soll. Der Text ist in dieser Hinsicht offen. Wenn es weiter heißt: »Viel vermag das inständige Gebet eines Gerechten«, ist jedenfalls an die Fürbitte um Vergebung im Zusammenhang des gegenseitigen Sündenbekenntnisses gedacht. Der Gerechte ist also ein Christ, der seinerseits gesündigt hat, aber auch den Mut fand, seine Sünden zu bekennen und dafür Vergebung zu erbitten. An die Aussage vom wirksamen Gebet des Gerechten schließt sich das Beispiel an vom Gebet des Propheten Elija um Trockenheit und Regen (vgl. Sir 48^{3} zu 1 Kön 17–18).

5^{19f} Die Anrede »meine Brüder« zeigt an, daß der Verfasser seinen Lesern ein weiteres dringliches Anliegen vorlegen will. Im vorhergehenden Abschnitt ging es um Christen, von denen manche gesündigt hatten, aber doch im großen und ganzen christlich lebten und sich für ihre Sünden an den barmherzigen Gott um Vergebung wandten. Hier ist nun die Rede von einem Christen, der sich der Heilsbotschaft und dem christlichen Leben gänzlich entfremdet hat. Ein Bruder hat ihn aber zur

DIE VERANTWORTUNG FÜR DEN GEFÄHRDETEN BRUDER: 5^{19-20}

19 Meine Brüder, wenn einer bei euch von der Wahrheit abirrt und jemand ihn zur Umkehr bewegt, 20 dann sollt ihr wissen: Wer einen
Spr 10^{12} Sünder, der auf Irrwegen ist, zur Umkehr bewegt, der rettet ihn vor
1 Petr 4^{8} dem Tod und *deckt* viele *Sünden zu.*

Umkehr geführt. Ihm und allen Lesern unserer Schrift wird gesagt, daß jemand, der einen Sünder von seinem Irrweg zurückholt, sein Leben dem Tod entreißt und eine Menge Sünden zudeckt, wohl durch seine Liebestat (vgl. Spr 10^{12}). Diese Schlußwendung dürfte absichtlich zweideutig sein. Unser Verfasser denkt vermutlich an die Sünden des Zurückgeholten wie an Sünden dessen, der ihn wieder auf den Weg des Heils brachte.

1.–3. Johannesbrief

EINLEITUNG

Zur Verfasserfrage der johanneischen Schriften

Die drei Briefe des Johannes stehen durch ihre Sprachgestalt und Thematik im Neuen Testament dem Johannesevangelium (JE) am nächsten. Man kann annehmen, wie das gegenwärtig manche Fachleute tun, daß es eine Art johanneische Schule gab, die nicht nur die johanneische Überlieferung, sondern auch einen Schatz kerygmatischer und katechetischer Ausdrucksformen hütete und einen eigenen johanneischen Stil entwickelte. So könnten die vier johanneischen Schriften oder auch kleinere und größere Stücke des JE und des 1 Joh von verschiedenen Verfassern aus der johanneischen Schule stammen. Diese Annahme läßt sich aber sprachlich nicht absichern. Der johanneische Stil ist auch so eigenwillig und kraftvoll geprägt und unterscheidet sich von allen anderen neutestamentlichen Stilformen so stark und durchgreifend, daß er eher auf eine einmalige und unverwechselbare Gestalt der urchristlichen Geschichte hinweist, die ihn geschaffen hat und im Lauf ihres Lebens immer wieder den verschiedenen Forderungen der Stunde schöpferisch anzupassen wußte. Wenn wir dann im einzelnen nach dem oder den Verfassern der JB fragen, ist zunächst darauf zu achten, daß 1 Joh gar kein Brief ist und jedenfalls die Gemeinde im Auge hat, in der sein Verfasser lebt und wirkt. Demgegenüber sind 2 und 3 Joh echte Briefe, die an auswärtige Empfänger gerichtet sind. Diese Sachlage ist zweifellos vereinbar mit der Annahme, daß alle drei Schriften vom gleichen Verfasser stammen. Auch wird der »Älteste«, der 2 und 3 Joh geschrieben hat, nur eine einzige Person gewesen sein. Sein Grundanliegen in beiden Schriftstücken ist auch das Hauptanliegen des 1 Joh. Dieser aber kann nur von einem Verfasser stammen, der wie der »Älteste« im Kreis der johanneischen Verkünder das höchste Ansehen genoß und sich für das Schicksal der johanneischen Überlieferung und Gemeinden an erster Stelle verantwortlich wußte und einsetzte. Die drei JB dürften deswegen alle vom gleichen Verfasser geschrieben worden sein.

Das Verhältnis der JB zum JE

Wie bereits gesagt, sind JE und JB durch einen gemeinsamen Stil gekennzeichnet. Er verbindet sie stärker, als etwa Lk und Apg sprachlich miteinander zusammenhängen, die zweifellos vom selben Verfasser stammen. Den großen Gemeinsamkeiten der johanneischen Schriften stehen aber auch Unterschiede zwischen JE und JB gegenüber, die erklärt werden müssen, wenn man an einem gemeinsamen Verfasser festhalten will. Die wichtigsten Unterschiede sind:

1. Während das JE im allgemeinen recht klar und verständlich geschrieben ist, gehört 1 Joh zu den schwierigsten Werken des NT. Sein Stil ist nicht selten nachlässig und verworren, seine Aussagen sind häufig undurchsichtig und mehrdeutig. Das läßt sich erklären, wenn man erkennt, daß 1 Joh eine Kampfschrift darstellt, die der Verfasser schrieb, als in seiner Gemeinde Irrlehrer aus dem eigenen Lager aufstanden und die Grundlagen des johanneischen Christentums mit Waffen angriffen, die ihnen, wie sich zeigen wird, die johanneische Überlieferung sozusagen selbst geschmiedet hatte. Er kämpft hier um das Überleben der ihm anvertrauten Gemeinde, ohne daß ihm aus der Erfahrung einer langen Geschichte zweckdienliche Hilfen erwachsen würden. So erklärt sich sein mühevolles Ringen und tastendes Suchen nach Mitteln und Wegen, seinen Gegnern ihre Waffen zu entwinden und die johanneische Muttergemeinde vor Abfall und Untergang zu retten. Der Stil seines Schreibens spiegelt den Druck wider, der ein rasches Eingreifen in äußerster Notlage verlangte.

2. Im JE steht eine hohe Christologie im Mittelpunkt, die nicht nur die Göttlichkeit Jesu, sondern ausdrücklich sein ewiges Vorhersein vor aller Schöpfung bekennt. Dieses Christusverständnis überstrahlt auch das irdische Dasein Jesu mit göttlicher Hoheit und Würde. 1 und 2 Joh halten diese hohe Christologie zwar fest, unterstreichen aber auch unmißverständlich Jesu Menschlichkeit und Sterblichkeit (vgl. 1 Joh 1^{7} 2^{2} 4^{2} 5^{5-8} 2 Joh ^{7}). Das weist darauf hin, daß die Irrlehrer das Menschsein Jesu zwar nicht leugneten, aber vernachlässigten.

3. Im JE spielt der Geist eine hervorragende Rolle, vor allem in den Abschiedsreden Jesu. Er tritt hier auf als Geist der Wahrheit und als Paraklet und ist wie Jesus eine göttliche Person, vom Vater und Sohn deutlich unterschieden. In 1 Joh wird nur Jesus als Paraklet erwähnt (2^{1}); vom Geist ist selten die Rede. Sein Selbst und sein Personsein scheinen unter Bildworten wie Salbung ($2^{20.27}$) und Samen (3^{9}) verhüllt. Vermutlich ist der Grund dieser Schwunderscheinung der Mißbrauch des Geistes durch die Gegner des Verfassers zur Rechtfertigung ihrer Irrlehre (vgl. 4^{1-6}).

4. Die Lehre von der Endzeit des Heils trägt im JE als Gegenwartseschatologie das Schwergewicht, wenn auch die Endeschatologie nicht fehlt. In 1 Joh ist es eher umgekehrt. Das liegt u. a. daran, daß die Irrlehrer durch ihr Auftreten den Verfasser zur Überzeugung brachten, die »Letzte Stunde« sei angebrochen ($2^{18.22}$) und die zweite Ankunft Jesu nahegekommen (2^{28}).

5. In den JB fehlt jede Auseinandersetzung mit den Juden, wie sie im JE fast ohne Unterbruch im Gang ist. Das ist auch der Grund, warum die JB nirgends Stellen aus dem AT anführen, während das im JE häufig geschieht. Hier sind die Juden die Gegner, in den JB aber die Irrlehrer aus den eigenen Reihen.

Die zeitliche Abfolge der johanneischen Schriften

Wie steht es zunächst mit der Aufeinanderfolge der JB? Wir können davon ausgehen, daß die Irrlehre, gegen die sich 1 Joh wendet, auch in 2 Joh $^{7-11}$ ins Auge gefaßt wird. Diese Stelle setzt den Auszug der Irrgläubigen aus der johanneischen Muttergemeinde voraus, von dem 1 Joh 2^{18f} 4^{1} sprechen. Der Verfasser ist unterdessen zur Überzeugung gekommen, daß die für die Spaltung Verantwortlichen versuchen würden, ihre Lehre auch in den auswärtigen johanneischen Gemeinden zu verbreiten. Für diesen Fall gibt er in 2 Joh einer dieser Gemeinden entsprechende Weisungen. Von der gleichen Voraussetzung her läßt sich auch 3 Joh verstehen.
Wie aber ist das zeitliche Verhältnis der Abfassung des JE und der JB anzusetzen? Im ganzen JE gibt es keine Anhaltspunkte, die auf ein von innen her drohendes oder schon vollzogenes Auseinanderbrechen des johanneischen Christentums, das der Abfassung des JE vorausging, hinweisen würden. Man wird auch annehmen dürfen, daß der Ausschluß der damals zahlreichen johanneischen Judenchristen aus der jüdischen Kultgemeinde, die das JE voraussetzt, vom johanneischen Christentum nach einer solchen Spaltung kaum mehr hätte verkraftet werden können. So wird die Abfassung des JE zeitlich vor der Abfassung der JB anzusetzen sein, was nicht ausschließt, daß einzelne Stücke des Evangeliums – wie etwa das Kapitel 21 – erst nach der Spaltung der johanneischen Muttergemeinde geschrieben wurden.

Ursprung und Umrisse der Irrlehre in den JB

1. Mehrmals weist der Verfasser in 1 und 2 Joh darauf hin, daß die Irrlehrer, die seine Gemeinde verlassen haben, dem »Anfang« des johanneischen Christentums untreu geworden sind. An keiner Stelle aber findet sich auch nur eine Andeutung, daß sie zu ihrer falschen Sicht von außen angeregt worden wären. Daraus läßt sich schließen, daß nicht nur der Verfasser, sondern auch seine Gegner von einem gemeinsamen Erbe, der johanneischen Überlieferung, herkommen, diese aber je anders verstehen und deuten.
2. Mehrere Aussagen und Bekenntnisformeln der JB wie auch Vorwürfe ihres Verfassers seinen Gegnern gegenüber zeigen, daß diese folgende Sätze leugneten:

Jesus ist der Christus (1 Joh 2^{22})
Jesus ist der Sohn Gottes (2^{23})
Jesus Christus ist im Fleisch gekommen (4^{2})
Jesus Christus ist (der) im Fleisch Kommende (2 Joh ^{7})
Jesus Christus kam durch Wasser und Blut (1 Joh 5^{6})

Der Widerspruch der Irrlehrer gegen diese Sätze kam aber nicht daher, daß sie Jesus seine Sendung als Messias (Christus) und als Sohn

Gottes aberkannten oder daß sie die Fleischwerdung des ewigen Gottessohnes in der Zeit geleugnet hätten. Ihr Widerspruch ergab sich vielmehr aus einer Verlagerung der Gewichte, indem sie das ewige Vorhersein und die göttliche Herrlichkeit des Menschgewordenen einseitig hervorhoben, die Heilsnotwendigkeit seiner irdischen Laufbahn, seines menschlichen Lebens und Sterbens aber verkannten.
Wie war diese Sicht möglich geworden? Jedenfalls deswegen, weil die Vorstellung vom göttlichen Wesen des Menschgewordenen ein Gefälle hat, sich vor seinem irdischen Leben und Wirken ein Übergewicht zu verschaffen. Das zeigt die spätere christliche Glaubensgeschichte; das läßt aber schon das JE erkennen. Auch wenn zwischen dem Verfasser des Evangeliums und seinen jüdischen Gegnern die volle Menschlichkeit des irdischen Jesus nicht strittig war, wird doch der Glanz des Göttlichen im Wirken des johanneischen Menschensohns manchmal überhell, so daß er das Menschliche überstrahlt und überspielt. Im Anschluß an Sätze wie JE 3^{17f} 5^{24} 6^{35} 12^{44-46} 17^{3} konnten johanneische Christen auch zur Überzeugung kommen, Jesus habe als Menschgewordener das ewige Leben aus der himmlischen Heimat auf die Erde mitgebracht und allen, die an seinen Ursprung aus dem Vater glaubten, unverlierbar zu eigen gegeben. So habe er seinen Auftrag und seine Sendung erfüllt, ohne durch sein irdisches Leben und Sterben zum Erwerb des Heils mitzuwirken. Freilich wird dieses Mißverständnis durch den engeren oder weiteren Zusammenhang solcher Aussagen im JE nachdrücklich abgewehrt. Aber seine Vorstellungswelt und Sprache hat es doch in sich, derartige Auslegungen anzuregen.
Entscheidend ist im Gesamtzusammenhang des JE wie der JB die Stellung des Leidens und Sterbens Jesu. Im JE wird es an einer Reihe von Stellen als Verherrlichung Jesu oder als Rückkehr des vom Himmel Abgestiegenen zur vorzeitlichen Herrlichkeit beim Vater dargestellt (vgl. $13^{1-3.31-33}$ 16^{28} $17^{1-5.24}$). Auch diese Darstellung ließ sich einseitig so deuten, daß dem Leiden und Tod Jesu keine heilschaffende Rolle im Heilswerk des Menschgewordenen zufiel. Im ersten JB wird eine solche Auslegung ausdrücklich verworfen (1 Joh 1^{7-9} 2^{2} $3^{5.16}$ 4^{9f} 5^{6-8}).
3. An mehreren Stellen des ersten JB führt der Verfasser Schlagworte seiner Gegner an, die ihre Stellung zum sittlichen Verhalten verraten, so $2^{4.6.9}$. Sie erheben den Anspruch, Gott zu kennen, in ihm zu bleiben, im Licht zu sein, ziehen aber keine Folgerungen für ihr Verhalten daraus. Sie sind überzeugt, ihr durch den Glauben erlangtes Verhältnis zu Gott sichere ihnen für immer das Heil und verlange von ihnen kein entsprechendes Tun. Eine solche Einstellung konnten sie aus dem JE ableiten, z. B. aus 15^{19}: »Ihr seid nicht aus der Welt; denn ich habe euch aus der Welt herausgenommen.«
In 1 Joh $1^{8.10}$ erfahren wir, daß die Irrlehrer von sich sagen, sie seien frei von Sünde und Schuld. Wir können diese Einstellung verstehen,

wenn wir JE 8^{31-34} hören, daß der Glaubende, wenn er im Wort Jesu verharrt, nicht mehr Sklave der Sünde ist. Ähnlich äußert sich aber auch 1 Joh 3^{9}: Jeder aus Gott Gezeugte ... kann nicht sündigen, weil er aus Gott gezeugt ist. Diese Aussage hindert allerdings unsern Verfasser nicht, in 1^{7}–2^{2} deutlich hervorzuheben, daß die Glaubenden auch noch Sünder sind, als solche aber durch das Blut Jesu gereinigt werden, wenn sie ihre Sünden bekennen. Unser Briefschreiber kann solche gegensätzlichen Aussagen offensichtlich zusammendenken, während seine Gegner nicht zugeben, daß sie als Christen auch schon gesündigt haben und auf die Fürsprache Jesu angewiesen sind (1 Joh 2^{1}).

Vergleich mit anderen frühen Irrlehren

1. Ignatius von Antiochien kämpft in mehreren seiner Briefe (um 117) gegen den Doketismus, der die Menschheit Jesu als Schein erklärte und leugnete, daß Jesus von einer Jungfrau geboren worden war, am Kreuz gelitten hatte und nach der Auferstehung sichtbar erschienen war. Der Verfasser der JB setzt aber die Menschwerdung des Sohnes Gottes als unumstritten voraus; er verteidigt nicht ihre Wirklichkeit, sondern den Heilssinn des menschlichen Lebens und Sterbens Jesu. Man kann daher die Lehre der Irrgläubigen, gegen die er kämpft, nicht doketisch nennen.
2. Im Lauf der letzten Jahrzehnte haben viele Forscher angenommen, die Irrlehrer in den JB seien Anhänger des Gnostikers Kerinth gewesen, der ungefähr zwischen 100–125 n. Chr. wirkte. Er lehrte, die Welt sei nicht vom höchsten Gott, sondern einem niederen Gottwesen geschaffen worden. Jesus sei der natürliche Sohn von Josef und Maria gewesen. Nach seiner Taufe im Jordan stieg Christus in Form einer Taube auf ihn herab. Er verließ ihn wieder vor seinem Leiden und Sterben, weil er leidensunfähig war. Die Irrlehrer, mit denen es die JB zu tun haben, waren aber zweifellos keine Kerinthianer, da sie die wahre Menschwerdung des ewigen Gottessohnes nicht anzweifelten.

Die literarische Art des 1 Joh

Während 2 und 3 Joh ihrer Form und Art nach eindeutig Briefe sind, ist 1 Joh, wie schon oben gesagt, kein Brief; denn er nennt weder Absender noch Empfänger, macht keine Ortsangaben, erwähnt keine Zielsetzung des Schreibens und richtet auch keine Grüße aus. Zwar fällt auf, daß der Verfasser 13mal sagt, er schreibe, und 22mal sich an Leute wendet, die er anredet. Damit kommt aber nur zum Ausdruck, daß sein Erzeugnis eine Schrift ist und sich an Leser richtet. Diese sind Mitglieder der johanneischen Muttergemeinde am Wohnort des

Verfassers. Das Schreiben ist kein Rundbrief, der an mehrere Gemeinden gerichtet ist. Es ist auch weder eine religiöse Abhandlung noch eine geschriebene Predigt noch eine Schriftauslegung; keine einzige Stelle des AT wird hier angeführt.
Man kann den ersten JB eine Kampfschrift nennen, weil er die aus der Muttergemeinde ausgezogenen Gegner des Verfassers angreift. Dieser wendet sich aber nicht an die Gegner selbst, sondern an die eigenen Gefolgsleute. Das Schreiben will sie über die Anschauungen der Gegner aufklären und ihren Irrtum widerlegen. Seine Anhänger sollen mit der Schrift, die vermutlich für die verschiedenen Hausgemeinden, aus denen sich die angesprochene Gemeinde zusammensetzte, vervielfältigt wurde, dauernd ein Werkzeug zur Hand haben, das sie in die Lage versetzt, die irrigen Auffassungen ihrer Gegner zu durchschauen und sich gegen ihre Werbung erfolgreich zu wehren. In dieser Zielsetzung ruft der Verfasser seine Leser auf, sich an ihre Herkunft und die einst empfangene Überlieferung zu erinnern und an die überkommene Lebensweise zu halten.

Beweisführung und Kampfweise des Verfassers

1. Der Verfasser der JB ruft im Prolog des ersten JB die Augenzeugenschaft und die Erfahrung jener an, die »das Wort des Lebens« gesehen, gehört und mit ihren Händen berührt haben. Hinter dieser Erfahrung stehen die wirklichen Augenzeugen des irdischen Lebens und Wirkens Jesu, vor allem jedenfalls der Kronzeuge des johanneischen Christentums, der Jünger, den Jesus liebte (vgl. JE 19^{35} $21^{7.20-24}$). Er hat sehr wahrscheinlich den Kreis gegründet und geformt, dessen Träger hier sein Zeugnis und dessen Deutung unter dem Einsatz ihres ganzen Daseins vollmächtig weitergeben und verbürgen.
Im Zusammenhang des 1 Joh kann diese Berufung auf die Augenzeugenschaft des johanneischen Zeugenkreises nur den Sinn haben, die Botschaft dieser Schrift und die Auslegung der johanneischen Überlieferung in ihr als einzig rechtmäßige, von der Vollmacht Jesu und seiner Urzeugen getragene Auslegung vorzustellen und damit die Deutung dieser Überlieferung durch die Gegner als irrig, unrechtmäßig und verwerflich zu kennzeichnen.
2. Wenn unser Verfasser an mehreren Stellen des ersten ($2^{7.24}$) und auch im zweiten Brief (^{5}) auf den »Anfang« des johanneischen Christentums zurückgreift, so will er damit hervorheben, daß der Glaubensstand der Gegenwart dem Anfang entsprechen muß. Nur wer diesen Anfang festhält, »bleibt in der Lehre Christi« (2 Joh^{9}). Wer sich aber von ihm löst und »darüber hinausgeht«, »hat Gott nicht«. Das gilt nach unserem Verfasser von seinen Gegnern. Er aber handelt nach seinem Grundsatz, wenn er älteste johanneische Überlieferung heranzieht, um jene zu widerlegen. Wenn die Gegner nur an das JE

anknüpften und dazu noch in einseitiger Auswahl, übersahen sie die geschichtliche Lage, in der und für die dieses geschrieben worden war. Für sie war der Ausgangspunkt ihres Denkens die Herrlichkeit des Menschgewordenen (JE 1^{14}). Unser Verfasser aber verweist im ersten JB mehrmals auf das Verhalten des irdischen Jesus als Vorbild des christlichen Lebens, so 2^{6} $3^{3.7}$. Er greift, wie oben angedeutet, auf das urchristliche und urjohanneische Verständnis des Todes Jesu als stellvertretender Sühnetod zurück. Er mildert das Gewicht der Gegenwartseschatologie des JE, indem er darauf hinweist, daß die Christen durch den Glauben zwar ewiges Leben schon erlangt haben, dieses aber durch ihr Verhalten nach dem Vorbild Jesu hegen müssen, so daß es ihnen bis zur Ankunft Jesu zum Gericht erhalten bleibt (2^{28f}).

Zeit und Ort der Abfassung

Die große Mehrheit der Fachleute rechnet damit, das JE sei der Hauptsache nach zwischen 80 und 90 n. Chr. entstanden. Der erste JB aber wurde, wie sich gezeigt hat, durch eine Auseinandersetzung über die richtige Auslegung dieses Evangeliums veranlaßt, die in der Folge zu einer Spaltung der johanneischen Muttergemeinde führte. Er wird zwischen 90 und 100 verfaßt worden sein. 2 und 3 Joh setzen ihrerseits voraus, daß die aus der Muttergemeinde ausgezogenen »Fortschrittler« (2 Joh^{9}) versuchten, auch auswärts Anhänger ihrer Lehre zu werben. Diese beiden Briefe dürften deswegen um 100 entstanden sein.

Neueste Untersuchungen haben es wahrscheinlich gemacht, daß die johanneischen Gemeinden, als das JE entstand, im Königreich von Agrippa II. (53–92) lebten, in den Landschaften Gaulanitis und Batanäa im nördlichen Ostjordanland. Die große Mehrheit ihrer Mitglieder waren Judenchristen, die ihre Pflichten als Juden im Verband des ansässigen Judentums erfüllten. Hier wurden sie nach 80 wegen ihres Glaubens an den menschgewordenen Gottessohn nicht nur aus den jüdischen Gemeinden ausgeschlossen, sondern in manchen Fällen auch getötet (JE 9^{1-34} 12^{42f} 16^{2f}). Der Ausschluß aus diesen Gemeinden war mit einem gesellschaftlichen Abstieg und harten wirtschaftlichen Folgen für ganze Familien verbunden. Unter diesem Druck entschloß sich vermutlich eine große Zahl von Johanneschristen auszuwandern. Man kann annehmen, daß sie sich in Ephesus und andern Städten in der weiteren Umgebung dieser Metropole neu ansiedelten und wieder zu Gemeinden zusammenschlossen. Das würde teilweise erklären, warum später oft Ephesus als Abfassungsort des JE genannt wurde. Auch wenn das nicht stimmen kann, werden doch die drei JB hier entstanden sein, wo sich wahrscheinlich der johanneische Zeugenkreis niedergelassen und die neue johanneische Mutterkirche gebildet hatte. Hier in Ephesus und seinem Hinterland dürfte das Johanneschristentum jetzt starken Zuzug aus dem Heidentum erhalten haben. Möglicherweise gaben Neuchristen heidnischer Herkunft den Anstoß zur Umdeutung des JE, die der älteren johanneischen Überlieferung nicht mehr entsprach.

LITERATURHINWEISE

Neuere Kommentare: H. Balz, Die Johannesbriefe (NTD 10), Göttingen 1973; P. Bonnard, Les Epîtres Johanniques (CNTN II 13c), Genf 1983; R. E. Brown, The Epistles of John (Anc. B), New York 1982; R. Bultmann, Die Johannesbriefe (KEK 14), Göttingen 1967; R. Schnackenburg, Die Johannesbriefe (HThK 13^3), Freiburg ^{5}1975; G. Schunak, Die Briefe des Johannes (ZBK 17), Zürich 1982; W. Thüsing, Die Johannesbriefe (GeiS 22), Düsseldorf 1970; K. Wengst, Der erste, zweite und dritte Brief des Johannes (ÖTK 16), Gütersloh – Würzburg 1978.

Wichtige Beiträge: K. Wengst, Häresie und Orthodoxie im Spiegel des ersten Johannesbriefes, Gütersloh 1976; K. Wengst, Bedrängte Gemeinde und verherrlichter Christus. Der historische Ort des Johannesevangeliums als Schlüssel zu seiner Interpretation *(BithSt 5)*, Neukirchen – Vluyn 1981.

An dieser Stelle darf ich den obengenannten Auslegern der Johannesbriefe, mit deren Kommentaren ich in diesem Buch gearbeitet habe, für die Hilfe, die sie mir geboten haben, verbindlichst danken. Dieser Dank gilt ganz besonders meinem Kollegen P. Raymond E. Brown, S. S., dessen Auslegungshorizont und Art, die Schwierigkeiten der Johannesbriefe anzugehen, ich weitgehend übernommen habe.

VORREDE: DAS WORT DES LEBENS: 1^{1-4}

1^{1} Was von Anfang an war, was wir gehört haben, was wir mit unse- Joh $1^{1-5.14}$
ren Augen gesehen, was wir geschaut und was unsere Hände ange-
faßt haben, das verkünden wir: das Wort des Lebens. ^{2} Denn das Le-
ben wurde offenbart; wir haben gesehen und bezeugen und verkün-
den euch das ewige Leben, das beim Vater war und uns offenbart
wurde. ^{3} Was wir gesehen und gehört haben, das verkünden wir auch

1^{1-4} Der hier vorliegende Prolog des 1 Joh knüpft an den Prolog des JE an. Dieser konnte von den aus der johanneischen Muttergemeinde ausgezogenen Irrlehrern mißbraucht werden, weil er auf die irdische Wirksamkeit des fleischgewordenen göttlichen Wortes keinen Nachdruck legte. Deswegen unterstreicht unser Verfasser hier die Verankerung der christlichen Botschaft im Wort und im Wirken des irdischen Jesus, das von seinen Urzeugen sinnenhaft erfahren wurde. Kraftvoll umreißt er auch seine Absicht, die angesprochenen Leser in der Gemeinschaft mit dem für sie verantwortlichen Zeugenkreis zu erhalten und so ihre Gemeinschaft mit dem Vater und seinem Sohn Jesus Christus zu stärken.

1^{1} Das, was von Anfang an war, ist das Ganze der Gestalt und Person Jesu, seiner Botschaft und seines Wirkens, das die Urzeugen des Jesusereignisses mit ihren Sinnen wahrgenommen haben (vgl. dazu JE 15^{27} 16^{4}). Dieses Ganze heißt hier auch »das Wort des Lebens«. Damit ist vor allem das menschgewordene Wort des Lebens als Person gemeint, das durch sein menschliches Wort und Wirken sich selbst und den Vater offenbart hat (vgl. JE $1^{1-5.14.18}$). Das Wir, das in ^{1}, aber auch in den folgenden drei Versen spricht, ist das Wir des johanneischen Zeugenkreises zur Zeit der Spaltung der johanneischen Muttergemeinde. Dieser Kreis setzt sich aber durch seinen Sprecher mit den Urzeugen Jesu gleich, weil er das ihm von diesen anvertraute Zeugnis vollmächtig und unverfälscht an die Johanneschristen weitergibt. Er ist der Träger der johanneischen Jesusüberlieferung.

1^{2-4} Wenn hier vom Leben gesagt wird, es sei offenbart worden, greift der Verfasser über den Anfang, von dem er in ^{1} gesprochen hat, zurück. Das Leben, das in dieser Welt erschien und als Mensch greifbar wurde, war das ewige Leben, das schon vor seiner Menschwerdung mit dem göttlichen Vater zusammenlebte. Sein irdisches Auftreten war die Offenbarung dieses Lebens vom Vater her und damit die Offenbarung seiner göttlichen Sohnschaft. Als die Menschen, die Jesus hören, sehen und mit ihren Händen greifen konnten, das überweltliche Leben, das Jesus war, und seine Herkunft vom Vater entdeckten, wurden sie nicht nur Zeugen irdischer Vorgänge, sondern Zeugen und Verkünder des göttlichen Lebens, das im Menschen Jesus und seinem irdischen Wirken hörbar, sichtbar und greifbar geworden war. Indem der johanneische Zeugenkreis dieses Zeugnis der Urzeugen Jesu weitergibt, erreicht die göttliche Offenbarung vom Vater und Sohn die johanneischen Christen. Durch die gläubige Aufnahme der Botschaft und das Festhalten an ihr sollen sie in die brüderliche Gemeinschaft ihrer Verkünder hineinwachsen und so an

V ^{7}, Joh 17^{20f}, 1 Kor 1^{9} — euch, damit auch ihr Gemeinschaft mit uns habt. Wir aber haben Ge-
Joh 15^{11}, $16^{20.22.24}$ — meinschaft mit dem Vater und mit seinem Sohn Jesus Christus. 4 Wir
17^{13}; 2 Joh 12 — schreiben dies, damit unsere Freude vollkommen ist.

DAS LEBEN IN DER GEMEINSCHAFT MIT GOTT: 1^{5}–2^{17}

Das Wesen Gottes: 1^{5-7}

3^{11} — 5 Das ist die Botschaft, die wir von ihm gehört haben und euch ver-
Dan 2^{22} — künden: Gott ist Licht, und keine Finsternis ist in ihm. 6 Wenn wir sa-
Joh 8^{12}, Jak 1^{17} — gen, daß wir Gemeinschaft mit ihm haben, und doch in der Finsternis

ihrer Gemeinschaft mit dem Vater und seinem Sohn teilhaben. So kommt das Jesusereignis auch in den Johanneschristen zu seinem Ziel und macht die Freude ihrer Verkünder vollkommen, weil durch ihre Verkündigung das göttliche Leben weitergetragen wird. Dieser Freude dient auch das vorliegende Schreiben.

Gewiß ist der hier vorausgesetzte Zusammenhang zwischen der irdischen Erscheinung Jesu und der Offenbarung seiner göttlichen Herkunft wie auch die Entfaltung der sinnenhaften Erfahrung der Urzeugen zur Verkündigung des in Jesus auf Erden erschienenen göttlichen Lebens die äußerst gedrängte Darstellung einer vielfältig gestuften geschichtlichen Entwicklung. Entscheidend ist aber die hier gemachte Feststellung, daß das irdische Auftreten Jesu und die mit ihm gemachten menschlichen Erfahrungen seiner unmittelbaren Jünger Ursprung und Keim der Offenbarung und Verkündigung seiner Herkunft vom Vater und seines göttlichen Lebens waren.

1^{5} Wie JE 1^{19-23} das Thema Zeugnis aus dem Johannesprolog ($1^{6-8.15}$) aufnimmt und entfaltet, so 1 Joh 1^{5} das Thema Zeugnis und Verkündigung aus 1^{1-4}. Daß hier nicht Zufall waltet, zeigt auch der Satzeingang JE 1^{19}: Das ist das Zeugnis – verglichen mit dem Satzeingang 1 Joh 1^{5}: Das ist die Botschaft. Das Wort Botschaft (angelia) ist vermutlich der johanneische Ausdruck für das johanneisch nie verwendete euangelion = Heilsbotschaft (vgl. 3^{11}). Der Wortlaut der Botschaft an unserer Stelle schließt mit seinen Stichworten Licht – Finsternis wie 1^{1-4} nochmals deutlich an den Prolog JE 1^{4-9} an. Der Vers leitet damit zum ersten Hauptabschnitt über, der die Stichworte Licht – Finsternis wiederaufnehmen wird. An diesem Übergang wendet sich auch das Wir des johanneischen Zeugenkreises nochmals an die Leser des Schreibens, während schon im nächsten Vers eine andere Gruppe von Menschen als Wir auftritt und diese Rolle bis an das Ende des ersten Kapitels durchhält.

»Gott ist Licht, und Finsternis ist keinerlei in ihm.« Wenn wir diesen Inhalt der Botschaft, die hier als Botschaft Jesu erscheint, mit dem vergleichen, was in 1^{1-4} als Inhalt der christlichen Verkündigung genannt wurde, nämlich die Gestalt des menschgewordenen Wortes und Lebens, der Sohn Gottes Jesus Christus, sind wir erstaunt. Jedenfalls wird im JE das Licht meistens mit Jesus gleichgesetzt. Man muß aber zugeben, daß die Aussage, Gott sei

leben, lügen wir und tun nicht die Wahrheit. 7 Wenn wir aber im $2^{4.11}$; Joh 3^{20f}
Licht leben, wie er im Licht ist, haben wir Gemeinschaft miteinander, Joh 8^{12}
und das Blut seines Sohnes Jesus reinigt uns von aller Sünde. 12^{35f}
Hebr $9^{14.22}$

Christ und Sünde: 1^{8}–2^{2}

8 Wenn wir sagen, daß wir keine Sünde haben, führen wir uns selbst
in die Irre, und die Wahrheit ist nicht in uns. 9 Wenn wir unsere Sün-
den bekennen, ist er treu und gerecht; er vergibt uns die Sünden und Ex 34^{6f}
reinigt uns von allem Unrecht. 10 Wenn wir sagen, daß wir nicht ge- Dtn 32^{4}
sündigt haben, machen wir ihn zum Lügner, und sein Wort ist nicht Spr 28^{13}
in uns.

Licht, sich durchaus in das johanneische Denken einfügt. Vom Vater geht das ganze Leben und Wirken Jesu aus (JE 5^{19-21}). Er, der Urträger des göttlichen Lebens, hat Jesus verliehen, Leben in sich selbst zu haben (5^{26}), Leben aber ist auch Offenbarungslicht (1^{4}).

Gott ist Licht. Dem Licht steht die Finsternis gegenüber. Im JE überwindet Jesus die Finsternis, die sich seinem Heilswirken widersetzt (3^{19-21}). Er überwindet die Gottferne und Sünde des Menschen, wenn er sich ihm, dem Licht, öffnet. Er erleuchtet den Weg des Menschen, so daß er sich in der Welt zurechtfindet und nach Gottes Willen lebt (8^{12} $12^{35f.46}$). Wenn es nun heißt, in Gott sei keine Finsternis, so ist damit gesagt, daß er über alles Gottferne und Gottwidrige erhaben ist, daß von ihm keine Sünde stammen kann, nur lebenspendendes Licht, daß er aber auch Sünde und Unrecht in seiner Schöpfung verabscheut und ihnen entgegenwirkt. Das wird im Folgenden ausgefaltet.

$1^{6.8.10}$ In diesen drei Versen nimmt der Verfasser in zurückhaltender Weise – mit einem ihn und viele einschließenden Wir – drei Losungen seiner Gegner auf, die auch auf die treuen Glieder seiner Gemeinde einen Anreiz ausüben konnten, die Sünde im eigenen Leben zu übersehen oder zu verschleiern. Wer den Anspruch erhebt, mit Gott Gemeinschaft zu haben, kann nicht zugleich tun, was Gott verabscheut. Sein Anspruch ist dann Lüge, und sein Tun läßt das Licht Gottes nicht durchscheinen. Schlimmer aber ist es, wenn er obendrein leugnet, sich einer Sünde schuldig gemacht oder als Christ je gesündigt zu haben. Er macht so Gott zum Lügner, der Jesus als Lamm gesandt hat, damit er die Sünde der Welt wegnehme (JE 1^{29}).

$1^{7.9}$ Wer die Gemeinschaft mit Gott ernst nimmt, der nimmt auch die Gemeinschaft mit seinen Brüdern und Schwestern ernst. Diese gegenseitige Verbundenheit in der Gemeinde ist die Voraussetzung für die Gemeinschaft der Christen mit Gott, aber auch deren Frucht. Unser Verfasser weiß allerdings, daß seine Christen noch sündigen, auch wenn sie den guten Willen haben, als Kinder des Lichts und als Brüder und Schwestern zu leben. Während aber die Abtrünnigen die Sünde und den Mangel an gegenseitiger Liebe verharmlosen, sollen die treugebliebenen Gläubigen, auch wenn sie gesündigt haben, auf die Kraft des Sühneblutes Jesu vertrauen, das sie von jeder Sünde und Schuld reinigen kann.

Joh 14^{16f} 2^{1} Meine Kinder, ich schreibe euch dies, damit ihr nicht sündigt.
15^{26}, 17^{12} Wenn aber einer sündigt, haben wir einen Beistand beim Vater: Jesus
Röm 8^{34} Christus, den Gerechten. ^{2} Er ist die Sühne für unsere Sünden, aber
Hebr 7^{25} 4^{10} nicht nur für unsere Sünden, sondern auch für die der ganzen Welt.

Wahre Gotteserkenntnis: 2^{3-6}

^{3} Wenn wir seine Gebote halten, erkennen wir, daß wir ihn erkannt
1^{6} haben. ^{4} Wer sagt: Ich habe ihn erkannt!, aber seine Gebote nicht

Wer seine Schuld ernst nimmt, bekennt sie nicht nur vor Gott, sondern auch vor der Gemeinde. Wenn die Christen zu ihren Sünden stehen, steht Gott auch zu seinen Verheißungen. Er erweist sich als der Gott des Bundes und handelt an ihnen entsprechend seiner Heilszusage und gütigen Nachsicht, auch dann, wenn sie rückfällig geworden sind.

2^{1f} Mit diesen Aussagen will unser Verfasser seine Christen nicht gegen Sünde und Schuld abstumpfen, sondern im Gegenteil ermahnen, sich vor der Sünde zu hüten. Er kennt aber ihre Neigung zur Sünde und weist nochmals auf die einzige Möglichkeit hin, von Sünde und Schuld wieder frei zu werden. Sie ist gegeben, weil Jesus Christus, der eine Gerechte und Sündenlose, unser Helfer und Beistand, beim Vater Fürbitte für uns einlegt. Er ist das Sühnopfer nicht nur für unsere Sünden, sondern für die der ganzen Welt. Der alttestamentliche Hintergrund dieser Aussage ist sehr wahrscheinlich die Sühnehandlung des Versöhnungstages, an dem der jüdische Hohepriester in das Allerheiligste eintrat und das Blut von Opfertieren zur Sühne für die Sünden des Volkes ausgoß. Er vollzog diese Opferhandlung im Auftrag des Bundesgottes, der sie als Zeichen seines Versöhnungswillens eingesetzt hatte. So tritt nun, wie im Hebräerbrief, Jesus als Hoherpriester des Neuen Bundes auf und weist vor dem Vater auf seinen Sühnetod und sein Sühneblut hin. Dazu hat ihn nämlich der Vater – in seiner Liebe zu uns Sündern – gesandt, damit er durch seine Hingabe in den Tod für unsere Sünden Sühne erwirke (1 Joh 4^{10}). Darum kann er jetzt auch als der erhöhte Christus vor den Vater hintreten und für uns alle immer neu Vergebung und Reinigung von den Sünden erflehen (vgl. Röm 8^{31-34}).

2^{3-11} Ähnlich wie der Abschnitt 1^{6}–2^{2} wird auch der vorliegende Abschnitt durch drei Sätze zusammengehalten, die aus dem Kreis der Gegner unseres Verfassers stammen. Sie finden sich in den Versen $2^{4.6.9}$ und werden immer in der gleichen Art eingeführt: Wer sagt ...; vgl. $1^{6.8.10}$: Wenn wir sagen. Der Verfasser setzt sich jeweils damit auseinander und rückt sie zurecht.

2^{3} Leitet den Abschnitt ein. Er handelt von der Erkenntnis Gottes durch die Christen, die dann echt ist, wenn sie seine Gebote halten. Erkenntnis und Gebote Gottes spielen in den folgenden Versen eine entscheidende Rolle. Die Erkenntnis, um die es hier geht, ist wie im jüdischen Schrifttum um die Zeitenwende nicht reine Sache des Verstandes. Es geht hier um das Erkennen zwischen Personen, das als ganzheitliche Erfahrung und Begegnung, als Anbahnung und Vertiefung eines von Wertschätzung und

hält, ist ein Lügner, und die Wahrheit ist nicht in ihm. 5 Wer sich aber 5^{3}
an sein Wort hält, in dem ist die Gottesliebe wahrhaft vollendet. Wir Joh $14^{21.23}$
erkennen daran, daß wir in ihm sind. 6 Wer sagt, daß er in ihm bleibt, Joh 13^{14f}
muß auch leben, wie er gelebt hat.

Liebe getragenen Austausches zwischen ihnen verstanden wird (vgl. 4^{7f}). Das Halten der Gebote ist nur Ausdruck und Ausfluß eines solchen ganzheitlichen Geschehens zwischen Mensch und Gott. Wenn wir die Gebote Gottes halten, erkennen wir, daß wir liebend in Gott sind, in ihm bleiben und wohnen und sein Leben teilen (2^{4-6}).

2^{4} Wenn also einer sagt: »Ich habe Gott erkannt«, aber seine Gebote nicht hält, hat er ihn eben nicht erkannt. Die Wahrheit, das heißt die Offenbarung des verborgenen Gottes, ist nicht in sein Inneres eingedrungen. Darum ist er zu diesem Gott auch nicht vorgedrungen, ihm nicht begegnet. Er hat sich nicht an ihn gebunden und verloren; er lebt nicht von ihm her.

2^{5} Dieser Vers macht, wenn wir ihn mit den vorangehenden Versen vergleichen, klar, daß Wort und Gebote Gottes das gleiche sind, und was vorher Erkenntnis Gottes hieß, jetzt Liebe Gottes genannt wird. Diese Liebe geht von Gott aus und verwandelt den Erkennenden in einen Liebenden, so daß das Strömen der Liebe aus Gott zu seinem Ziel und seiner Vollendung kommt. Der Erkennende wird zu einer Antwort auf den liebenden Gott, und diese Antwort wird dadurch sichtbar, daß der Erkennende und Liebende das Wort und Gebot der Bruderliebe erfüllt. In dieser Liebe vollendet sich die Liebe Gottes im Kreis der Gemeinde; in ihr schwingt sie aus. Wenn wir uns so von Gottes Liebe erfüllen und treiben lassen, dann sind wir »in Gott«, hineingenommen in sein liebendes Innenleben.

2^{6} Wir begegnen hier dem zweiten Satz der Irrlehrer, die aus der johanneischen Muttergemeinde ausgewandert sind. Der Sprechende erhebt den Anspruch, einer zu sein, der in Gott bleibt. Dieses Bleiben ist ein johanneisches Kennwort. Wenn es von einem gegenseitigen Verhältnis von Personen ausgesagt wird, nämlich als Bleiben Jesu im Vater und umgekehrt, als Bleiben Glaubender in Gott und (oder) Jesus oder Gottes (Jesu) in den Glaubenden, dann drückt es ein dauerndes Innewohnen oder Ineinanderwohnen aus, das Teilhabe oder Anteilgabe am göttlichen Leben des Vaters und (oder) des Sohnes und an ihrer Liebesgemeinschaft in sich schließt. Sozusagen den gleichen Sinn hat das »Sein in Gott«, wie gerade im Übergang von 2^{5} zu ^{6} klar wird.

Unser Vers verlangt von dem, der sagt, daß er in Gott bleibt, er müsse so leben, wie *Jener* – so im griechischen Text – gelebt habe. *Jener* ist in unserem Brief eine Umschreibung für Jesus. Sie kommt noch $3^{3.5.7.16}$ 4^{17} vor. Gemeint ist an unserer Stelle der irdische Jesus. Unser Verfasser legt auf sein Leben und Verhalten deswegen so großes Gewicht, weil die abtrünnigen Christen, gegen die er kämpft, die göttliche Gabe des Lebens und Bleibens in Gott vor allem mit dem Kommen seines Sohnes in diese Welt, nicht aber mit seinem irdischen Leben und Sterben verbanden. Gerade daran aber denkt unser Verfasser, wie JE 13^{13-16} 1 Joh 3^{16} zeigen, weil dieses Leben und Sterben Jesu auch die Grundlage und das Muster des Lebens und Sterbens der Christen ist (JE 15^{8-14}).

Das neue Gebot: 2^{7-11}

7 Liebe Brüder, ich schreibe euch kein neues Gebot, sondern ein altes
Gebot, das ihr von Anfang an hattet. Das alte Gebot ist das Wort, das
Joh 13^{34} ihr gehört habt. 8 Und doch schreibe ich euch ein neues Gebot, etwas,
Röm 13^{12} das in ihm und in euch verwirklicht ist; denn die Finsternis geht vor-
4^{20} über, und schon leuchtet das wahre Licht. 9 Wer sagt, er sei im Licht,
aber seinen Bruder haßt, ist noch in der Finsternis. 10 Wer seinen Bru-
Joh 11^{9} der liebt, bleibt im Licht; da gibt es für ihn kein Straucheln. 11 Wer

2^7 Hier werden die Leser unseres Schreibens erstmals als »Geliebte« (so wörtlich) angeredet. Damit will sie der Verfasser auf die Liebe Gottes hinweisen, der sie ihr Dasein als Christen verdanken. In dieser Liebe wurzelt das Gebot der Bruderliebe, von dem im Folgenden die Rede sein wird (vgl. 4^{11}). Warum aber ist dieses Gebot zunächst ein »altes« Gebot? Deswegen, weil es den Lesern als Grundlage der johanneischen Gemeinde schon verkündet wurde, als sie in diese aufgenommen wurden. Auf diesen Zusammenhang ihrer Gegenwart mit dem Anfang ihres christlichen Lebens legt der Verfasser allen Nachdruck, weil die Irrlehrer gerade von diesem Anfang und damit von den Anfängen des johanneischen Christentums und der johanneischen Überlieferung abgerückt sind (vgl. 1^{1-5} 2 Joh $^{5.9}$).

2^8 Das alte Gebot bleibt aber doch auch ein neues, in dem Sinn, wie es von Jesus neu genannt wurde (JE 13^{34}). Es entspricht dem Neuen Bund, den Gott durch Jeremia (31^{31-34}) verheißen hatte. Es ist ein Stück der Wirklichkeit, die Gott durch seinen Sohn als Teilhabe an seiner Liebe und als Bundesgemeinschaft mit ihm neu geschaffen hat. Diese Gemeinschaft mit dem liebenden Gott, auch in der Form der Bruderliebe, ist volle Offenbarungswirklichkeit in Jesus selbst und geht von ihm aus zu den Menschen, denen sie verkündet wird. Sie ist das wahre Licht der endzeitlichen Offenbarung, das sich in den Herzen der Glaubenden schon jetzt gegen alle Macht der Finsternis und Lieblosigkeit immer neu und stärker durchsetzt.

2^9 Der dritte Satz der Irrlehrer in unserem Zusammenhang greift die Licht – Finsternis-Thematik aus 2^8 auf. Im Licht sein heißt hier: von der Offenbarung des Sohnes erhellt sein und am Leben Gottes im Licht teilhaben (vgl. 1^7). Das aber ist nicht möglich, wenn einer seinen Bruder haßt; denn johanneisch ist die Bruderliebe Verwirklichung der Gottesgemeinschaft und Leben im Licht. Wer darum seinen Bruder haßt, lebt immer noch in der Finsternis.

2^{10} Wer Bruder und Schwester in der johanneischen Gemeinde liebt, der bleibt im Raum, wo auch Gott wohnt und lebt; er hat teil am göttlichen Leben. Dieses Leben aber ist Licht und erhellt den Weg des Liebenden, so daß er nicht zu Fall kommt. Er wird die Bruderschaft nicht verlassen, sondern mithelfen, die Gemeinschaft mit Gott immer wieder umzusetzen in die aufrichtige Gemeinschaft untereinander.

2^{11} Wer aber den Bruder haßt, tappt in der Finsternis umher; er weiß nicht, wohin er geht. Sein Weg ist nicht erleuchtet. Er erreicht das Ziel seines Lebens nicht; denn die Finsternis, die er gewählt hat, hat seine

aber seinen Bruder haßt, ist in der Finsternis. Er geht in der Finsternis Joh 11^{10}
und weiß nicht, wohin er geht; denn die Finsternis hat seine Augen 12^{35}
blind gemacht.

Christ und Welt: 2^{12-17}

12 Ich schreibe euch, ihr Kinder, daß euch durch seinen Namen die
Sünden vergeben sind. 13 Ich schreibe euch, ihr Väter, daß ihr den er-
kannt habt, der von Anfang an ist. Ich schreibe euch, ihr jungen Män-
ner, daß ihr den Bösen besiegt habt. 14 Ich schreibe euch, ihr Kinder,
daß ihr den Vater erkannt habt. Ich schreibe euch, ihr Väter, daß ihr
den erkannt habt, der von Anfang an ist. Ich schreibe euch, ihr jun-
gen Männer, daß ihr stark seid, daß das Wort Gottes in euch bleibt
und daß ihr den Bösen besiegt habt.
15 Liebt nicht die Welt und was in der Welt ist! Wer die Welt liebt, hat Joh 5^{42}
die Liebe zum Vater nicht. 16 Denn alles, was in der Welt ist, die Be-

Augen blind gemacht. Mit diesen düsteren Strichen zeichnet der Verfasser das Bild der Abtrünnigen, die seine Gemeinde verlassen und damit ihre Bruderschaft und Gemeinschaft mit ihr aufgekündigt haben.

2^{12-14} Die drei Verse dieses Absatzes mit ihren vertraulichen und sozusagen fröhlichen Anreden und Wiederholungen sind wie ein Ruhepunkt unseres Schreibens, ein schöpferischer Einfall des Verfassers, der spürt, daß seine Leser Trost und Ermutigung nötig haben.

2^{12} Der Verfasser wendet sich mit der Anrede »Kindlein« zunächst an die ganze Gemeinde und erklärt, daß ihre Sünden vergeben wurden und vergeben bleiben, und zwar »um seines Namens willen« oder »durch seinen Namen«. Es handelt sich wahrscheinlich um den Namen Jesu, dessen göttliche Person und Heilsmacht damit ausgedrückt ist. Im Hintergrund wird der Gedanke an die Taufe stehen, die damals im Namen Jesu Christi zur Vergebung der Sünden gespendet wurde (Apg 2^{38} 8^{16}).

2^{13f} Der von Anfang an Seiende, den »die Väter« erkannt haben und immer noch erkennen und lieben, ist Jesus, dessen irdische Gestalt und Wirksamkeit seine Jünger vom Anfang seines Auftretens an erlebten und später als seine Augenzeugen verkünden konnten (vgl. 1^{1}). Er ist der Ausgangspunkt der johanneischen Überlieferung, und es ist dem Verfasser wichtig, daß die älteren Mitglieder der Gemeinde nie einen anderen Jesus kennengelernt haben. Wichtig ist auch die Feststellung, daß die jungen Männer der Gemeinde »den Bösen« überwunden haben. Dieser Name für den Teufel erscheint in unserem Schreiben fünfmal. Im Rahmen des johanneischen Dualismus bedeutet der Sieg über den Teufel die Gewißheit, daß die Christen mit Gott Gemeinschaft haben und im Licht leben. Diese Gewißheit ist die Grundlage des christlichen Urvertrauens.

2^{15-17} Der Verfasser mahnt die johanneischen Christen, das in der Taufe empfangene neue Leben nicht dadurch aufs Spiel zu setzen, daß sie die Gemeinschaft mit dem Vater, der sie liebt, wieder aufgeben und sich an die Welt verlieren. Die Welt ist hier der Gegenspieler Gottes. Sie hat

Spr 27[20] gierde des Fleisches, die Begierde der Augen und das Prahlen mit dem Besitz, ist nicht vom Vater, sondern von der Welt. [17] Die Welt und ihre Begierde vergeht; wer aber den Willen Gottes tut, bleibt in Ewigkeit.

DIE BEWÄHRUNG DES GLAUBENS: 2[18]–3[24]

Das Auftreten von Irrlehrern: 2[18–27]

[18] Meine Kinder, es ist die letzte Stunde. Ihr habt gehört, daß der
1 Tim 4[1] Antichrist kommt, und jetzt sind viele Antichriste gekommen. Daran

den Vater nicht erkannt; deswegen erkennt und liebt sie auch die Johanneschristen nicht (3[1]). In der Welt spielt die Begierde des Fleisches, die Gier der Augen und das Prahlen mit dem Besitz eine große Rolle. Die ersten zwei Ausdrücke dieser Dreiergruppe dürfen nicht auf das geschlechtliche Begehren eingeengt werden. Fleisch ist im JE einfach der irdische Mensch, der aus eigener Kraft nicht in das Reich Gottes gelangen kann. Nur wer aus der Kraft des Gottesgeistes gezeugt wird, kann das (JE 3[3–6]). Das Fleisch ist untauglich, um Leben aus Gott zu schaffen; das kann nur der Geist, das vermag nur das Wort Jesu (6[63]). Wer also, ohne sich vom Wort und vom Geist leiten zu lassen, vom Standpunkt des Fleisches aus, das heißt des irdischen Menschen, etwas begehrt, was immer es sein mag, der versagt sich dem Glauben und dem Leben, das Gott ihm gewähren will. Wer »mit hungrigen Augen« durch diese Welt geht, ohne nach Gott zu fragen, der stellt sich auf die Seite der Feinde Gottes. Wer aufgrund seines Besitzes nach Erfolg, Ansehen und Anerkennung jagt, ohne diesen Besitz mit notleidenden Brüdern und Schwestern zu teilen (1 Joh 3[17]), »der kommt nicht vom Vater her, sondern aus der Welt«, die den Standpunkt Gottes verwirft. Diese gottlose Welt aber und alles, worauf sie aus ist, ist dem Untergang geweiht. Nur wer den Willen Gottes tut wie Jesus (JE 5[30] 6[38]), der bleibt in Ewigkeit (8[35]), weil die Gabe Gottes ewiges Leben ist (8[51] 11[26]).

2[18–27] Nachdem unser Verfasser in 2[12–17] die treugebliebenen Christen seiner Gemeinde auf ihre Gemeinschaft mit Gott angesprochen und sie gewarnt hat, sich an die ungläubige Welt zu verlieren, muß er ihnen nun klarmachen, was es mit denen auf sich hat, die sich von ihnen getrennt haben.

2[18] Der Vers knüpft an endzeitliche Vorstellungen des frühen Christentums an und redet eine Sprache, die den Johanneschristen gewiß vertraut war. »Die letzte Stunde« bedeutet jedenfalls das gleiche wie »der letzte Tag« oder ähnliche Ausdrücke in neutestamentlichen Schriften. Es geht um die Zeit, für die man in den urchristlichen Gemeinden das Ende dieser Welt und die Ankunft Christi zum Gericht erwartete. Vor diesem Tag sollten falsche Christusgestalten und Propheten auftreten, die Wunder wirken würden, um die Christen zum Abfall zu verführen. Weitverbreitet war in diesem Zusammenhang auch die Vorstellung einer Verführergestalt, die im Tempel von Je-

erkennen wir, daß es die letzte Stunde ist. 19 Sie sind aus unserer 2 Thess 2^{3f}
Mitte gekommen, aber sie gehörten nicht zu uns; denn wenn sie zu
uns gehört hätten, wären sie bei uns geblieben. Es sollte aber offenbar
werden, daß sie alle nicht zu uns gehörten. 20 Ihr habt die Salbung V^{27}
von dem, der heilig ist, und ihr alle wißt es. 21 Ich schreibe euch nicht, 2 Kor 1^{21}
daß ihr die Wahrheit nicht wißt, sondern ich schreibe euch, daß ihr
sie wißt und daß keine Lüge von der Wahrheit stammt.
22 Wer ist der Lügner – wenn nicht der, der leugnet, daß Jesus der
Christus ist? Das ist der Antichrist: wer den Vater und den Sohn leug-

rusalem als Gott auftreten würde. Diese Gestalt heißt in 2 Thess 2^{3} »der Mensch der Gesetzlosigkeit«. Verwandt damit ist der Antichrist hier, der nur in 1 und 2 Joh vorkommt. Er war den Johanneschristen nach unserer Stelle aus ihrer eigenen Überlieferung geläufig. Der Verfasser setzt ihn mit den Irrlehrern gleich, die aus seiner Gemeinde ausgezogen sind, weil er mit der damaligen Christenheit die sogenannte Naherwartung des Weltendes teilt und die Spaltung der Gemeinde nur als klares Zeichen dieses Endes verstehen kann.

2^{19} Der Vers verrät uns einiges über den geschichtlichen Hergang der Spaltung. Vermutlich haben sich die beiden andersdenkenden Gruppen in der Gemeinde nur nach und nach herausgebildet. Die Spaltung dürfte durch den freien Entschluß der Irrlehrer zustande gekommen sein, nachdem ihre geistige Haltung ausgereift war und sich zum Widerspruch einer Gruppe versteift hatte. Diese spaltete sich als Ganzes ab und bildete jedenfalls eine Gegengemeinde. Unser Verfasser deutet die Geschehnisse aus der Sicht seines Glaubens als Abfall von der Muttergemeinde. Er versteht ihn als Offenbarwerden eines schon immer verborgenen Unglaubens der Ausgezogenen, deren Bruderschaft und Bindung an die Gemeinde von jeher brüchig war (vgl. 1 Kor 11^{19}).

$2^{20f.27}$ Der Schreiber erinnert seine Christen an die Salbung mit Öl, die sie wahrscheinlich im Zusammenhang mit ihrer Taufe empfangen hatten. Diese Salbung dürfte mit dem Empfang des Geistes gleichgesetzt worden sein und als Bild für den Geist gedient haben. Deswegen wird von ihr in ^{27} gesagt, daß sie in ihnen bleibt und sie die Wahrheit lehrt, was JE $14^{17.26}$ vom Geist ausgesagt wird. Diese Gleichsetzung von Salbung und Geist wird auch der Grund sein, warum es in ^{20} heißt, die Leser hätten die Salbung von dem Heiligen her, unter dem wahrscheinlich Jesus zu verstehen ist, der nach JE 15^{26} 16^{7} seinen Jüngern den Geist sendet (vgl. 6^{69}, wo Jesus der Heilige Gottes heißt). Wenn die Christen in der Salbung und damit im Geist bleiben, dann werden sie auch in Jesus bleiben, an der Wahrheit festhalten, die sie da empfangen, und der Lüge, die von den Irrlehrern ausgeht und nicht aus der Wahrheit stammt, mutig ins Angesicht widerstehen.

2^{22} Die Lüge, die eben genannt wurde, wird vom Lügner verfochten. Er ist der Antichrist und leugnet, daß Jesus der Christus ist. Mit dieser Einzahl sind zweifellos wie in ^{18} alle Anhänger der Irrlehre gemeint. Der Verfasser braucht hier die Einzahl, weil er an die aus der johanneischen Überlieferung bekannte Gestalt des endzeitlichen Erzgegners Jesu Christi erinnern will. Dieser wird der Lügner genannt, weil er vermutlich

4^{15} net. [23] Wer leugnet, daß Jesus der Sohn ist, hat auch den Vater nicht;
Joh 5^{23} wer bekennt, daß er der Sohn ist, hat auch den Vater. [24] Für euch gilt:
12^{44f}; 14^{6f} Was ihr von Anfang an gehört habt, soll in euch bleiben; wenn das,
was ihr von Anfang an gehört habt, in euch bleibt, dann bleibt ihr im
Joh 5^{24} Sohn und im Vater. [25] Und seine Verheißung an uns ist das ewige Le-
6^{40}; 17^{2} ben.
[26] Dies habe ich euch über die geschrieben, die euch in die Irre füh-
ren. [27] Für euch aber gilt: Die Salbung, die ihr von ihm empfangen
habt, bleibt in euch, und ihr braucht euch von niemand belehren zu
Joh 14^{26} lassen. Alles, was seine Salbung euch lehrt, ist wahr und keine Lüge.
16^{13} Bleibt in ihm, wie es euch seine Salbung gelehrt hat.

Mahnung zur Treue: 2^{28-29}

[28] Und jetzt, meine Kinder, bleibt in ihm, damit wir, wenn er er-
scheint, die Zuversicht haben und bei seinem Kommen nicht zu unse-

als die Verkörperung der falschen Propheten galt, deren Auftreten man für die Endzeit erwartete (vgl. 4^{1} mit 2^{18}).

Die Irrlehrer werden die genannte Glaubensformel: »Jesus ist der Christus« kaum verworfen haben. Indem sie aber den Heilssinn des menschlichen Lebens und Sterbens Jesu leugneten, verwarfen sie die Rolle Jesu als Strukturansatz für das christliche Leben. So erhielt die strittige Glaubensformel für sie einen andern Stellenwert als den von der johanneischen Verkündigung festgehaltenen. Die Verzeichnung Jesu aber wirkte sich auch aus auf die Offenbarungswahrheit vom Vater und Sohn und das in ihnen erkannte Bild vom liebenden und gnädigen Gott, wie es vor allem in 1 Joh 4^{7-21} kraftvoll gezeichnet wird. Darum kann unser Verfasser sagen, daß die Irrlehrer den Vater und den Sohn leugnen.

2^{23-26} Das eben Gesagte gilt auch für diese Verse. Auch wenn die Irrlehrer den Vater und den Sohn bekennen, leugnen sie doch den einen wie den andern, weil ihr Verständnis und ihr Bild vom Vater und vom Sohn der johanneischen Überlieferung und Gottesverkündigung widerspricht. Wer ihr Zerrbild vom menschgewordenen Sohn Gottes festhält, der entwirft auch ein Zerrbild von seinem Vater. Er »hat« also weder den Sohn noch den Vater, so wie ihn die Botschaft Jesu und die johanneische Verkündigung von Anfang an kennt und darstellt.

Für die Johanneschristen gilt darum die Losung, das, was sie vom Vater und Sohn in ihrem Taufunterricht gehört und empfangen haben, im Gegensatz und Widerspruch zu den Irrlehrern festzuhalten. Dann werden sie im Sohn und im Vater bleiben, mit ihnen Gemeinschaft haben und in ihr das verheißene ewige Leben finden.

2^{28f} Der Verfasser denkt nochmals an die Nähe der Ankunft Jesu, die ihm durch die Spaltung seiner Gemeinde vor Augen gerückt ist (2^{18}). Wenn die treugebliebenen Glieder der Gemeinde, seine »Kindlein«, in diesem Jesus, der verborgen in ihrer Mitte lebt, bleiben, dann dürfen sie seinem sichtbaren Kommen mit Zuversicht entgegenharren. Er wird ih-

rer Schande von ihm gerichtet werden. [29] Wenn ihr wißt, daß er gerecht ist, erkennt auch, daß jeder, der die Gerechtigkeit tut, von Gott stammt.

Das Geschenk der Kindschaft Gottes: 3^{1-10}

3^{1} Seht, wie groß die Liebe ist, die der Vater uns geschenkt hat: Wir Joh 1^{12f}
heißen Kinder Gottes, und wir sind es. Die Welt erkennt uns nicht, Röm 8^{14-17}
Eph 1^{5}

nen nicht als der Richter, sondern als der Gerechte begegnen; das heißt hier nicht vor allem als der Sündenlose und Heilige, sondern als derjenige, der ihnen beim Vater immer wieder Vergebung erwirkt hat, wenn sie schuldig geworden sind (2^{1}). Er kommt als ihr Freund, als Sohn Gottes und Bruder. Seine Gerechtigkeit wird nicht als Härte und Verurteilung in Erscheinung treten, sondern als endgültig versöhnende Nachsicht und Güte. Wer dieses Bild vom Sohn Gottes hat, der versteht aber auch, daß jeder Christ, der die Gerechtigkeit im Sinn und nach dem Vorbild Jesu übt, von Gott stammt, weil er aus Gott gezeugt und darum Kind Gottes geworden ist. Mit dieser Aussage leitet der Verfasser zum folgenden Abschnitt von der Gotteskindschaft über.

Im griechischen Text steht an dieser Stelle nur, daß jeder, der die Gerechtigkeit tut, aus »ihm« gezeugt ist. Dennoch kann man kaum zweifeln, daß der Verfasser hier an Gott als zeugenden Urgrund denkt. Es gibt im johanneischen Schrifttum keine Stelle, wo von den Glaubenden gesagt würde, sie seien aus Christus gezeugt, aber neun Stellen, wo es ausdrücklich heißt, sie seien aus Gott gezeugt; acht dieser Stellen stehen im ersten JB. Von dieser Zeugung der Glaubenden aus Gott ist im NT sonst nirgends die Rede, jedenfalls nie mit der gleichen Deutlichkeit und Klarheit.

3^{1} Das griechische Wort, das hier für Kinder (Gottes) gebraucht wird, ist nicht das gleiche, das der Verfasser verwendet, wenn er seine Christen als Kindlein anredet. Er unterscheidet aber auch Gotteskindschaft und Gottessohnschaft. Nur Jesus heißt im johanneischen Schrifttum Sohn Gottes; die Christen werden immer Kinder Gottes genannt. Paulus hingegen kann die Christen Söhne oder Kinder Gottes nennen; doch sind sie für ihn Adoptivsöhne Gottes, für den (oder die) Verfasser der johanneischen Schriften aber Kinder Gottes durch eine schöpferische Zeugungstat, die sie zu Teilhabern am Leben aus dem Vater zum Sohn macht.

Diese Zeugungstat Gottes ist nach unserer Stelle eine Tat der schenkenden Liebe Gottes, verbunden zu denken mit dem Taufgeschehen (vgl. JE 3^{3-7}). Deutlich zeigt aber der Zusammenhang des Verses mit 2^{29} und späteren Stellen, daß die Gotteskindschaft hier auch zusammengesehen ist mit einem Leben, das nicht nur der Sünde den Kampf ansagt, sondern das Tun nach dem Vorbild Jesu Christi, des Gerechten, einschließt. Hier hätten die abtrünnigen Johanneschristen wohl Einsprache erhoben, weil für sie die Zeugung aus Gott ein für allemal Aufnahme in die Gemeinschaft von Vater und Sohn war.

Es genügte unserm Verfasser nicht, zu sagen, daß wir durch die Liebestat des Vaters Kinder Gottes heißen. Er fügt hinzu: und wir sind es. Die Welt allerdings erkennt diese

weil sie ihn nicht erkannt hat. 2 Liebe Brüder, jetzt sind wir Kinder
Gottes. Aber was wir sein werden, ist noch nicht offenbar geworden.
Kol 3^{4} Wir wissen, daß wir ihm ähnlich sein werden, wenn er offenbar wird;
1 Kor 13^{12} denn wir werden ihn sehen, wie er ist. 3 Jeder, der dies von ihm er-
hofft, heiligt sich, so wie Er heilig ist. 4 Jeder, der die Sünde tut, han-
Joh 1^{29} delt gesetzwidrig; denn Sünde ist Gesetzwidrigkeit. 5 Ihr wißt, daß er
Hebr 7^{26} erschienen ist, um die Sünde wegzunehmen, und er selbst ist ohne

Wirklichkeit nicht, weil sie auch den Gott der Offenbarung und seine Liebesmacht nicht erkannt hat.

3^{2} Nochmals greift der Verfasser die Aussage über die Wirklichkeit der Gotteskindschaft auf, indem er sie zugleich auf die Gegenwart zuspitzt. Doch Gottes Zukunft birgt noch herrlichere Wunder für seine Kinder; denn noch ist nicht offenbar, was wir dann sein werden. Nur eines ist sicher: Wir werden ihm, unserm Gott und Vater, ähnlich sein; denn wir werden ihn schauen, wie er ist, ihn, den niemand je gesehen hat außer der Sohn (vgl. JE 6^{46} 1 Joh 4^{20}).

3^{3} Nur hier begegnet im johanneischen Schrifttum das Wort »Hoffnung«. Auch hoffen wird johanneisch ganz selten und nie theologisch verwendet. Das Thema Hoffnung spielt im JE sicher deswegen nur eine geringe Rolle, weil dort die Gegenwartseschatologie die Zukunftshoffnung stark in den Hintergrund verwiesen hat. In der Auseinandersetzung mit seinen Gegnern holt aber unser Verfasser die Enderwartung aus dem Schatz seiner Überlieferung wieder hervor, weil sich die Abtrünnigen jedenfalls ausschließlich an die Gegenwartseschatologie klammerten, überzeugt, durch Glauben und Taufe die vollkommene Gemeinschaft mit Gott schon erlangt zu haben.

Die Christen, die hier angesprochen werden, sollen ihre Zukunftshoffnung auf Gott setzen, sich aber zugleich reinigen, »wie *Jener* rein ist« – so wörtlich im Urtext. Im Hintergrund steht hier vermutlich die Forderung der kultischen Reinigung und Entsühnung an die Leviten, die im Offenbarungszelt vor Gott hintreten sollten (Num $8^{15.20-22}$). Unser Verfasser denkt aber vor allem an den erhöhten Jesus Christus, der als Hoherpriester vor dem himmlischen Vater immer neu Vergebung und Reinigung für die sündigen Christen und alle Sünder erfleht (1 Joh 2^{2f}). Dazu ist er imstande, weil er selbst rein und sündlos ist. Wer Gott schauen will, muß wie Jesus rein werden, das heißt nach der Reinigung verlangen, die ihm durch das Blut Jesu und Jesu Fürsprache vor dem Vater möglich ist (vgl. $1^{7.9}$ 2^{1f}).

3^{4} Die Aussage dieses Verses gilt zweifellos den abtrünnigen Johanneschristen. Sie nehmen das, was der ganzen johanneischen Überlieferung als Sünde und Schuld gilt (1^{6-10}), nicht ernst, weil sie meinen, durch ihren Anschluß an Christus ein für allemal in den Heilsraum Gottes eingegangen zu sein. Gerade diese Einstellung und der damit verbundene Abfall vom unverfälschten christlichen Glauben und Leben ist ihre Sünde. Sie stuft der Verfasser als die für die Endzeit erwartete Gesetzlosigkeit ein (vgl. Mt 13^{41} 2 Thess 2^{3-8}), ein Vorwurf, der parallel läuft zur Gleichsetzung der Abtrünnigen mit dem Antichrist ($2^{18.22}$).

3^{5} Der Schreiber erinnert seine Christen an die Lehre, die sie schon im Taufunterricht kennenlernten: daß

Sünde. 6 Jeder, der in ihm bleibt, sündigt nicht. Jeder, der sündigt, hat
ihn nicht gesehen und ihn nicht erkannt. 7 Meine Kinder, laßt euch
von niemand in die Irre führen! Wer die Gerechtigkeit tut, ist ge-
recht, wie Er gerecht ist. 8 Wer die Sünde tut, stammt vom Teufel; V^{12}
denn der Teufel sündigt von Anfang an. Der Sohn Gottes aber ist er- Gen 3^{15}
schienen, um die Werke des Teufels zu zerstören. 9 Jeder, der von Joh $8^{34.44}$
Gott stammt, tut keine Sünde, weil Gottes Same in ihm bleibt. Er

Jener erschienen ist, um die Sünde wegzunehmen (vgl. 3^{8b}). Dieses Erscheinen meint das Auftreten Jesu während seines irdischen Wirkens und sein Sterben als Opferlamm (vgl. JE 1^{29} 1 Joh 1^{7}–2^{2}). Wie er in 2^{1} für die Sünder als der Gerechte Fürsprache einlegt, so wird er auch hier als Sünderheiland ohne Sünde vorgestellt.

3^{6} Keiner, der in Jesus bleibt, sündigt als solcher. Wie in 2^{6} kann auch hier »in ihm bleiben« nur heißen, sich so mit Jesus verbinden, daß auch sein Verhalten als Gerechter und Liebender uns prägt.

Keiner, der sündigt, hat Jesus gesehen und erkannt. Dieser Satz macht den Abtrünnigen keinen Vorwurf daraus, daß sie nicht zu den Augenzeugen Jesu gehört haben. Er will nur ausdrücken, daß sie sich von Jesus losgesagt haben, indem sie sein irdisches Leben und Sterben für ihr christliches Verhalten als unverbindlich erklären. Sie haben den irdischen Jesus auch nicht erkannt, das heißt, ihn nie als Liebenden verstanden und sich nie an seine Liebe verloren (vgl. 3^{16}).

3^{7} Der Schreiber wendet sich erneut mit der Anrede »Kindlein« an seine Leser (vgl. 2^{28}). Keiner seiner Gegner soll sie verführen, sich ihnen anzuschließen. Wahrscheinlich nannten sie alle Christen gerecht, die Gott im Glauben erkannt hatten (vgl. 2^{3-6}). Unser Verfasser läßt das nur gelten für den, der die Gerechtigkeit nach dem Vorbild des irdischen Jesus in seinem Tun und Handeln ausprägt.

3^{8} Dem Tun der Gerechtigkeit steht entgegen: Wer die Sünde tut, ist vom Teufel. Der Name Teufel begegnet im ersten JB nur hier (dreimal) und in 3^{10}, sonst steht dafür mehrmals »der Böse«. Die Sünde ist hier gewiß die Sünde der Antichristen ($2^{18.22}$), die der johanneischen Überlieferung untreu geworden sind. Sie sind »aus dem Teufel« nicht nur im Sinn ihres Ursprungs aus ihm, sondern als Sünder, die unter seinem Einfluß und seiner Wirkmacht sündigen (vgl. dazu JE $8^{41.44}$ 13^{2}). Der Teufel selbst hat sich von Anfang an gegen Gott aufgelehnt, und diese Sünde macht sein Wesen aus. Der hier gemeinte Anfang ist der Anfang der menschlichen Geschichte, an dem nach Gen 1–4 und der entsprechenden jüdischen Deutung (Weish 2^{23f}) der Teufel das Unheil der menschlichen Sünde und des Todes verursachte. An diesem Anfang steht auch der Brudermord Kains (1 Joh 3^{12}). Der Sohn Gottes aber ist dazu erschienen, um die Werke des Teufels zu zerstören, das heißt, um der Geschichte des Unheils, die der Teufel eröffnet hatte, ein Ende zu setzen.

3^{9} Wörtlich übersetzt lautet der Vers so: Jeder, der aus Gott gezeugt ist, tut keine Sünde, weil Gottes Same in ihm bleibt; und er kann nicht sündigen, weil er aus Gott gezeugt ist.

Wir haben die Vorstellung von der Zeugung des Christen aus Gott schon in 2^{29} angetroffen. Es handelt

kann nicht sündigen, weil er von Gott stammt. [10] Daran kann man die Kinder Gottes und die Kinder des Teufels erkennen: Jeder, der die Gerechtigkeit nicht tut und seinen Bruder nicht liebt, ist nicht aus Gott.

sich um eine Analogie aus dem menschlichen Leben. Sie wird hier ausgeweitet durch die Wendung vom Samen Gottes, der im Christen bleibt. Dieser meint gewiß die schöpferische Lebensmacht Gottes, durch die der Christ Teilhaber des göttlichen Lebens wird. Das Bleiben unterstreicht, daß die Zeugung aus Gott nicht nur den Anfang des christlichen Lebens prägt, sondern ein stetes Hervorgehen des Christen aus der Lebenskraft des göttlichen Vaters meint.

Das Bild vom Samen Gottes im Christen entspricht der johanneischen Vorstellung vom Geist Gottes. JE 3^{3-8} ist die Rede von der Zeugung des Menschen aus diesem Geist im Taufgeschehen. Dieses ist eine Neuschöpfung des irdischen Menschen aus Gottes Lebenskraft. Durch sie wird er von oben gezeugt und in Geist verwandelt; er wird zum Teilhaber des Lebens und der Lebendigkeit Gottes. Wie nach unserem Vers der göttliche Samen im Christen bleibt, so bleibt auch der Geist in ihm (1 Joh 3^{24} 4^{13}).

Wer so aus Gottes Lebensmacht am göttlichen Leben teilhat, der sündigt nicht und kann nicht sündigen, weil er als Kind Gottes aus dem Urgrund des Lebens lebt. Diese Aussage hat unser Verfasser vereinbar gehalten mit seiner Erfahrung, daß auch er und die anderen Christen sündige Menschen sind, angewiesen auf immer neue Vergebung (1^{7}–2^{2}). Deutliche Hinweise in der gleichen Richtung sind auch $3^{3.19f}$ 5^{16f}.

Wenn diese pragmatische Vereinbarkeit beider Aussageformen feststeht, wird man sich dennoch über die Formulierungen unseres Verfassers zur Sündenlosigkeit der Christen wundern. Sie stehen zweifellos unter dem Druck des johanneischen Dualismus, der sich eine entsprechende Schwarzweißtechnik geschaffen hat. Gegen sie setzt sich aber die Alltagserfahrung der Gemeinde zur Wehr, wie die oben angegebenen Stellen und die Verspaare JE 1^{11-12} 3^{32-33} zeigen.

Die johanneische Verkündigung wußte aber auch um eine stufenweise Entfaltung des christlichen Lebens. So heißt es schon im Prolog JE 1^{12}: Er gab ihnen Macht, Kinder Gottes zu werden. Dieser Satz weist auf eine allmähliche Entfaltung der Gotteskindschaft der Glaubenden hin, die Raum läßt für die Reinigung von den Sünden, zu der 1 Joh 3^{3} auffordert. In die gleiche Richtung weist unverkennbar auch der Abschnitt JE 8^{30-36}, nach dem die Glaubenden erst allmählich durch das Wort und die Wahrheit frei werden. Und in der Bildrede vom Weinstock heißt es: Jeden Rebzweig ... der Frucht bringt, wird er reinigen, damit er mehr Frucht bringt (15^{2}).

Aus dieser Sicht eines Glaubenslebens, das an der menschlichen Möglichkeit einer Entwicklung über ein stufenweises Reifen zum Fruchttragen und Mehrfruchttragen teilnimmt, können wir die johanneischen Formulierungen zur Sündenlosigkeit als Zielvorstellungen auffassen, die das aussagen, wozu Gott uns ruft und nach und nach fähig macht, wenn er uns aus dem Urgrund seiner Fülle mit Geist von seinem Geist durchdringt und uns in einer dauernden Verwandlung zur vollen Reife der Gotteskindschaft führt.

3^{10} Nach diesem Vers kann man die

Aufruf zur Bruderliebe: 3^{11-18}

11 Denn das ist die Botschaft, die ihr von Anfang an gehört habt: Wir 1^{5}, 2^{7}
sollen einander lieben 12 und nicht wie Kain handeln, der von dem Joh 13^{34}
Bösen stammte und seinen Bruder erschlug. Warum hat er ihn er- Gen 4^{8}
schlagen? Weil seine Taten böse, die Taten seines Bruders aber ge-
recht waren.
13 Wundert euch nicht, meine Brüder, wenn die Welt euch haßt. Joh 15^{18-21}

Kinder Gottes daran erkennen, daß sie nicht sündigen (3^{9}), die Kinder des Teufels aber daran, daß sie die Gerechtigkeit nicht tun und ihre Brüder nicht lieben. Es versteht sich, daß der Verfasser die beiden Gruppennamen auf die treugebliebenen und die abtrünnigen Glieder seiner Gemeinde verteilt. Im Zusammenhang ist aber vor allem die Aussage wichtig, daß jeder, der die Gerechtigkeit nicht tut, nicht aus Gott ist, das heißt, sich seinem Heilswalten nicht öffnet und deswegen nicht zu ihm gehört und von seinem Leben nicht geprägt ist.

2^{28}–3^{10} In aller Deutlichkeit spricht dieser Abschnitt davon, daß die Kinder Gottes aus Gottes schöpferischer Lebenskraft gezeugt und durch diese Zeugung Teilhaber am Leben Gottes werden. Als solche handeln sie wie Jesus gerecht und sündigen nicht. Demgegenüber ist hier auch von Kindern des Teufels die Rede, die von ihm herkommen und unter seinem Einfluß sündigen. Es ist aber kaum zufällig, daß in diesem parallelen Gegenzug von einer Zeugung der Teufelskinder aus dem Teufel nicht gesprochen wird. Der Teufel hat keine schöpferische Lebenskraft und kann seinen Kindern kein Leben schenken, nur den Tod bringen.

3^{11} Der Vers eröffnet den zweiten Hauptteil der vorliegenden Schrift (3^{11}–5^{12}). Der erste Hauptteil begann mit 1^{5}. Beide Verse verweisen auf die Heilsbotschaft, wie sie in den Johannesgemeinden verkündet wurde. In 1^{5} führt der johanneische Zeugenkreis diese Botschaft auf den irdischen Jesus zurück und faßt sie in der Aussage über Gott als Licht zusammen. 3^{11} hingegen setzt die Botschaft vom Heil mit der Botschaft gleich, wie sie die Leser vom Anfang ihres christlichen Lebens an gehört haben. Er faßt sie zusammen in der Weisung, einander zu lieben. Das ist das Hauptthema des zweiten Hauptteils, auf das schon 3^{10} überleitend hinwies.

3^{12} Als Gegenbeispiel zur Bruderliebe wird hier auf die Erzählung von Kain und Abel zurückgegriffen (Gen 4^{1-16}). Kain war »aus dem Bösen«, das heißt, sein Brudermord geschah unter dem Einfluß des Bösen = des Teufels (vgl. 2^{13f} 3^{8} JE 8^{44}). Im Anschluß an Gen 4^{4-7} erinnert der Verfasser daran, daß Kain seinen Bruder haßte, weil dieser – anders als er – gerecht war und gut handelte. Das ist auch auf dem Hintergrund des johanneischen Dualismus zu verstehen, wo das Böse das Gute haßt, weil es nicht böse ist, und das Böse tut, weil es von seiner Art ist (vgl. JE 15^{19} 17^{14}).

3^{13} Veranlaßt durch die Erwähnung von Kain und Abel, verwendet hier der Verfasser die Anrede »Brüder«, die in den JB sonst nicht vorkommt. Sie trifft den Ton der Ermahnung zur Bruderliebe, gibt ihr aber auch die Herzlichkeit, die sie wirksam macht. Der Vers fordert die Leser

Joh 5^{24} 14 Wir wissen, daß wir aus dem Tod in das Leben hinübergegangen
11^{26} Mt 5^{21-26} sind, weil wir die Brüder lieben. Wer nicht liebt, bleibt im Tod. 15 Je-
Joh 8^{44} der, der seinen Bruder haßt, ist ein Mörder, und ihr wißt: Kein Mör-
Joh 13^{1} der hat ewiges Leben, das in ihm bleibt. 16 Daran haben wir die Liebe
15^{12f} erkannt, daß Er sein Leben für uns hingegeben hat. So müssen auch
wir für die Brüder das Leben hingeben. 17 Wenn jemand Vermögen
Jak 2^{15f} hat und sein Herz vor dem Bruder verschließt, den er in Not sieht,
Jak 1^{25} wie kann die Gottesliebe in ihm bleiben? 18 Meine Kinder, wir wollen
$2^{12.15-17}$ nicht mit Wort und Zunge lieben, sondern in Tat und Wahrheit.

auf, sich nicht zu wundern, wenn die Welt sie haßt. In der gegenwärtigen Lage ihrer Gemeinde begegnen sie diesem Haß vor allem bei jenen, die sich von ihnen abgespalten haben, um in die ungläubige Welt einzugehen als ein Stück von ihr (4^{1-5}).

3^{14} Der Haß der Welt soll die Christen der Gemeinde nicht nur nicht verwundern. Sie sollen aus der Überzeugung Kraft schöpfen, daß sie aus dem Tod schon ins Leben hinübergeschritten sind. Diese Überzeugung kann sich immer neu aufrichten an der Erfahrung, daß sie einander als Brüder und Schwestern lieben und so nicht im Raum des Todes hausen wie die Abtrünnigen.

3^{15} Jeder, der seinen Bruder haßt, wohnt nicht nur im Raum des Todes, sondern läßt sich von seinem Haß mitreißen, an ihm zum Mörder zu werden. Der Ausdruck »Mörder« dürfte hier jedoch nicht mehr wörtlich gemeint, sondern auf die Werbung der Abtrünnigen gemünzt sein, die noch weitere Christen in den Sog ihres Abfalls hineinzuziehen suchen. Die Leser wissen aber, daß kein Mörder ewiges Leben hat. Das gilt auch für die Verführer, an die hier gedacht ist. Sie haben, wie der Verfasser annimmt (2^{19}), nie wirklich geglaubt und deswegen auch nie aus dem Urgrund des Lebens gelebt.

3^{16} Die Erkenntnis, was die Liebe ist, ist uns Christen an der Tat Jesu aufgegangen; denn *Jener* hat für uns sein Leben »niedergelegt« (wie ein Kleid) oder »eingesetzt«. Im Zusammenhang des Abschnitts geht es aber um die Bruderliebe, die in Jesus vorbildlich zum Ereignis des Heils wurde. Darum zieht der Verfasser die Folgerung: So (wie Jesus) müssen auch wir für unsere Brüder und Schwestern unser Leben hingeben. Damit erreicht der vorliegende Gedankengang seinen Höhepunkt. Wenn nämlich der Haß sich im Mord vollendet, so ist die Liebe auf die Rettung des Lebens der anderen aus, auch wenn es das eigene Leben kostet. Die Bereitschaft zu dieser Hingabe aber zeigt sich schon im täglichen Dienst, den der christliche Alltag verlangt.

3^{17} Der Vers sieht im Alltag der Gemeinde die Notwendigkeit gegeben, daß die Reichen mit den Armen ihren Lebensunterhalt teilen. Möglicherweise denkt aber der Verfasser hier an eine Anzahl reicher Leute, die zu den Abtrünnigen gehörten und durch ihren Auszug nicht nur die Notlage vieler Zurückgebliebener verschärften, sondern auch Druck auf sie ausübten, sich ihnen anzuschließen, wenn sie weiterhin auf ihre Hilfe zählen wollten.

3^{18} Der Vers fordert im Zusammenhang der johanneischen Sprache und Gedankenwelt nicht dazu auf, *in Tat und Wahrheit* zu lieben, sondern *in Werk und Wahrheit. In Tat und Wahrheit* ist im Deutschen eine

Die Zuversicht der Kinder Gottes: 3^{19-24}

19 Daran werden wir erkennen, daß wir aus der Wahrheit sind, und
werden unser Herz in seiner Gegenwart beruhigen. 20 Denn wenn das
Herz uns auch verurteilt – Gott ist größer als unser Herz, und er
weiß alles. 21 Liebe Brüder, wenn das Herz uns aber nicht verurteilt,
haben wir gegenüber Gott Zuversicht; 22 alles, was wir erbitten, emp- Joh 14^{13f}
fangen wir von ihm, weil wir seine Gebote halten und tun, was ihm 15^{7}; $16^{23f.26}$
gefällt. 23 Und das ist sein Gebot: Wir sollen an den Namen seines Joh 13^{34}
Sohnes Jesus Christus glauben und einander lieben, wie es seinem Ge- $15^{12.17}$
Joh 14^{21-23}

starke Umschreibung für »wirklich/wahrhaftig«. Gemeint ist aber, wie sich schlüssig nachweisen läßt: *Mit Werken*, die der *Offenbarungswahrheit* von der Liebe Gottes entsprechen. Was den Christen in der Verkündigung einst als Liebestat Jesu aufgeleuchtet und in ihre Herzen als innerlich gewordene *Wahrheit* eingedrungen ist (1^{8} 2^{4}), das drängt aus dem Innern zu Werken der Liebe, die der Not der Armen in der Gemeinde abhelfen. Das ist auch gegen die abtrünnigen Gegner gesagt, die Werken der Liebe keinen Heilswert zuerkennen, weil der Christ durch den Glauben an den Menschgewordenen schon ewiges Leben und unverlierbares Heil erlangt habe.

3^{19} An dieser werktätigen Bruderliebe, von der eben die Rede war, können die treugebliebenen Christen erkennen, daß sie »aus der Wahrheit sind«, daß nämlich die in ihr Inneres eingedrungene Wahrheit, die Offenbarung der Liebe Gottes, an ihnen ihre Kraft zur Gestaltung des Lebens nach dem Vorbild Jesu erwiesen hat. Diese Erkenntnis wird auch ihr Vertrauen stärken, daß Gott mit ihnen ist, auch wenn sie vielleicht gesündigt haben.

3^{20} Das Herz, das verurteilt, wird unserem Gewissen entsprechen. Der Verfasser greift wie schon in Vers 19 auf das zurück, was er in 1^{7}–2^{2} über die Sünde der Christen gesagt hat. Auch dann, wenn das Herz uns verurteilt, weiß Gott besser, wie es um uns steht. Er ist aber auch großmütig; er verzeiht uns, wenn wir unsere Sünden bekennen, weil er treu und gütig ist und Jesus für uns Fürsprache einlegt.

3^{21} Der Schreiber redet seine Leser wie schon zweimal zuvor (2^{7} 3^{2}) mit »Geliebte« an. Er denkt hier an jene, die das verwirklichen, was er in 3^{9} über die Sündenlosigkeit der Christen gesagt hat. Wenn es solche unter ihnen gibt, deren Gewissen sie nicht anklagt, die sich ganz der Liebe Gottes, die sie erfahren, anvertrauen, dürfen sie Gott gegenüber erst recht Zuversicht haben, und zwar, wie 3^{22} zeigen wird, nicht erst, wenn Jesus am Ende kommt (2^{28} 4^{17}).

3^{22} Die Zuversicht der Christen, die ganz mit Gott verbunden sind, erstreckt sich auch darauf, daß er alle ihre Bitten erfüllt, weil sie seine Gebote halten und allezeit tun, was ihm gefällt. Ihr Gott ist der Gott des Bundes und der Liebe. Wer seinen Willen tut, erwidert nur diese Liebe. Der liebende Gott aber kann dem und denen, die ihn lieben, nichts versagen, was sie im Zug ihrer Liebe von ihm erbitten.

3^{23} Dieser Vers ist die Schlußklammer zum Abschnitt 3^{11-24} und entspricht inhaltlich und formal dem Rahmensatz 3^{11}, geht aber auch dar-

bot entspricht. 24 Wer seine Gebote hält, bleibt in Gott und Gott in
ihm. Und daß er in uns bleibt, erkennen wir an dem Geist, den er uns
gegeben hat.

DER GLAUBE ALS WEG ZUM LEBEN: 4^{1}–5^{12}

Über die Unterscheidung der Geister: 4^{1-6}

1 Kor 12^{10} 4^{1} Liebe Brüder, traut nicht jedem Geist, sondern prüft die Geister,
1 Thess 5^{21} ob sie aus Gott sind; denn viele falsche Propheten sind in die Welt

über hinaus, indem er als Inhalt des Gebotes Gottes, das die verschiedenen Gebote Gottes (3^{22}) in einem Brennpunkt sammelt, nicht nur die Bruderliebe, sondern auch den Glauben an den Namen des Gottessohnes Jesus Christus nennt. Das hat zwei Gründe. Zunächst ist das Gebot der Bruderliebe nicht ablösbar von Jesus, der sein Leben für uns niedergelegt hat. Und zweitens wird das Bekenntnis zu dem im Fleisch gekommenen Jesus Christus im folgenden Kapitel 4 eine entscheidende Rolle spielen. Unser Vers schließt deswegen nicht nur ab, er lenkt den Blick auch schon auf den nächsten Abschnitt und seine Thematik hin.

Die Formulierung unseres Verses erinnert an die christliche Taufe auf den Namen Jesu Christi. Dieser Name ist zugleich ein Ausdruck für Jesu göttliches Wesen als Sohn Gottes und für seine ihm vom Vater verliehene Heilsmacht (vgl. JE 17^{11b} 20^{31}).

3^{24} Das eine Brennpunktgebot wird hier wieder zu den Geboten, die Gott gegeben hat, damit die Leser nicht vergessen, daß es im christlichen Alltag in verschiedenen Formen auf sie zukommen kann. Wer diese Gebote hält, der bleibt in Gott und Gott in ihm. Aber dieses Bleiben ist nicht verursacht durch den Gehorsam der Christen, sondern durch den Geist Gottes, der ihnen in der Taufe geschenkt wurde, wie sich aus JE 1^{33} 3^{5-8} 7^{37-39} ergibt. An seiner Gegenwart können sie erkennen, daß Gott in ihnen wohnt und sie in Gott. Mit diesem Schluß weist der Vers auch auf das kommende Kapitel.

4^{1-6} Die Unterscheidung der Geister, von der hier die Rede ist, hat nichts zu tun mit der Unterscheidung der Geister nach 1 Kor 12^{10}; diese Gnadengabe wird nur einzelnen Gemeindegliedern zuteil. Die Unterscheidung der Geister in unserem Abschnitt ist aber Aufgabe aller Gemeindeglieder. Auch sind die Geister, die nach Paulus unterschieden werden sollen, Äußerungen des einen Gottesgeistes, während unser Verfasser zwei Arten von Geistern kennzeichnet, deren eine von Gott stammt, die andere aber nicht.

4^{1} Die Aufforderung an die »Geliebten« des Verfassers, die Geister zu prüfen, setzt voraus, daß die falschen Propheten, von denen er spricht, unter seinen Anhängern eine rege Werbetätigkeit ausüben. Diese Propheten sind in die Welt hinausgezogen. Damit ist kaum eine Auswanderung an einen anderen Ort gemeint. Vielmehr soll, wie unser Abschnitt zeigt, damit gesagt sein, daß sie den geistigen Raum des Glaubens verlassen und sich im Raum der Gottesfeinde angesiedelt haben. Ihr Wir-

hinausgezogen. 2 Daran erkennt ihr den Geist Gottes: Jeder Geist, 1 Kor 12^{3}
der bekennt, Jesus Christus sei im Fleisch gekommen, ist aus Gott. $2^{18.22}$
3 Und jeder Geist, der Jesus nicht bekennt, ist nicht aus Gott. Das ist 2 Joh 7
der Geist des Antichrists, über den ihr gehört habt, daß er kommt.
Jetzt ist er schon in der Welt.
4 Ihr aber, meine Kinder, seid aus Gott und habt sie besiegt; denn Er,
der in euch ist, ist größer als jener, der in der Welt ist. 5 Sie sind aus
der Welt; deshalb sprechen sie, wie die Welt spricht, und die Welt
hört auf sie. 6 Wir aber sind aus Gott. Wer Gott erkennt, hört auf uns; Joh 8^{47}
wer nicht aus Gott ist, hört nicht auf uns. Daran erkennen wir den 14^{17}; 15^{26}
Geist der Wahrheit und den Geist des Irrtums. 16^{13}

ken im Sinn dieser Welt und ihre Werbetätigkeit werden gesteuert vom Geist des Irrtums und der endzeitlichen Verführung zum Abfall vom Glauben (4^{4}).

4^{2} Das Wirken des Gottesgeistes äußert sich, wenn der Glaubende bekennt, »daß Jesus Christus im Fleisch gekommen ist«; er redet dann aus der Kraft des Gottesgeistes heraus. Der Wortlaut dieses Bekenntnisses weist auf das Kommen und Auftreten Jesu Christi als Mensch. Das Gewicht liegt nicht auf seiner Menschwerdung als solcher, unabhängig von seiner Aufgabe und seinem Wirken als Mensch unter Menschen (vgl. JE 1^{14}).

4^{3} Abkürzend und im Gegenzug zu 4^{2} heißt es jetzt: Wenn einer Jesus nicht bekennt, dann ist seine Äußerung über ihn nicht von Gott und seinem Geist gewirkt. Gemeint ist eine Äußerung, die das irdische Wirken Jesu nicht als Heilswirken gelten läßt, die den irdischen Jesus »auflöst«, wie eine sehr alte Textlesart sagt. So kann sich nur der Geist des Antichrist äußern, der durch die Falschpropheten aus der johanneischen Muttergemeinde schon jetzt in der gottlosen Welt Erfolg hat.

4^{4f} Zunächst will der Verfasser seinen treugebliebenen Christen Mut machen, indem er ihnen versichert, daß sie aus Gott sind, das heißt von Gottes Geist getragen werden. Durch seine Kraft haben sie der Verführungsmacht der Falschpropheten widerstanden; denn Gottes Geist in ihnen (JE 14^{16f}) ist stärker als derjenige, der in der glaubensfeindlichen Welt wirkt, nämlich der Fürst dieser Welt, der Teufel (vgl. JE 13^{31} 14^{30} 16^{11}). Die Falschpropheten sind seine Werkzeuge. Ihr Reden und Werben entspringt dem Geist der gottlosen Welt und ihres Herrschers (vgl. 8^{44-47}).

4^{6} Der Schreiber wechselt hier vom Ihr der Anrede zum Wir, das, wie der Schluß des Verses zeigt, alle Glieder der Gemeinde meint. Dennoch faßt er mit dem Wir sich selbst und die anderen Mitglieder des Zeugenkreises als Hauptsprecher der Gemeinde ins Auge. Sie und mit ihnen die glaubende Gemeinde legen das überlieferte Christusbekenntnis ab und vertreten damit den Standpunkt Gottes, der durch seinen Geist aus ihnen spricht. Wer Gott erkennt, hört deswegen auf sie. Nur jene, die dem Wort Gottes Widerstand leisten, tun das nicht. So kann die Gemeinde erkennen, wo sich der Geist der Wahrheit äußert und wo der Geist der Verführung am Werk ist.

4^{7-16a} Nachdem der Verfasser das Thema Glauben abgewandelt hat, nimmt er jetzt das zweite Thema aus 3^{23} auf, das Thema Bruderliebe. Er

Die Vollendung des Glaubens in der Liebe: 4^{7-16a}

7 Liebe Brüder, wir wollen einander lieben; denn die Liebe ist aus
V^{16} Gott, und jeder, der liebt, stammt von Gott und erkennt Gott. 8 Wer
nicht liebt, hat Gott nicht erkannt; denn Gott ist die Liebe. 9 Die
Joh 3^{16} Liebe Gottes wurde unter uns dadurch offenbart, daß Gott seinen
Röm 3^{25}; 5^{8} einzigen Sohn in die Welt gesandt hat, damit wir durch ihn leben.
10 Nicht darin besteht die Liebe, daß wir Gott geliebt haben, sondern
daß er uns geliebt und seinen Sohn als Sühne für unsere Sünden gesandt hat. 11 Liebe Brüder, wenn Gott uns so geliebt hat, müssen auch
Joh 1^{18} wir einander lieben. 12 Niemand hat Gott je geschaut; wenn wir ein-

zieht es zunächst durch bis und mit 4^{16a}, führt es dann aber weiter bis zu 5^{4a}. Dieser lange Abschnitt ist nicht nur ein Meisterstück seiner eigenwilligen Sprachkunst. Die Bruderliebe wird hier in den Zusammenhang der Liebe Gottes gestellt, der Liebe, die Gott ist, von Gott ausgeht und sich in der Bruderliebe vollendet. Diese Liebe ist das Ereignis eines Strömens, das in Gott seinen Ursprung hat und sich in der Hingabe seines Sohnes wie auch in der gegenseitigen Liebe der Kinder Gottes offenbart und verströmt.

4^{7} Die gegenseitige Liebe der Christen erscheint hier im Zusammenhang eines umgreifenden Liebesgeschehens, das in Gott wurzelt und vom Strömen seines eigenen Liebens getragen ist. Wer vom Strömen dieser Liebe ergriffen wird, ist aus Gott gezeugt. Im Vollzug seines Gezeugtwerdens wird der Liebende hineingenommen in die Liebe, die von Gott ausströmt; sein Lieben ist Frucht und Merkmal seiner Neuschöpfung aus dem liebenden Gott.

4^{8} Wer sich von diesem Strömen der Liebe aus Gott nicht ergreifen läßt, hat Gott nicht erkannt; denn Gott ist Liebe. Wenn er Kinder zeugt, dann nur als Liebende, die ihren Vater als Liebe erfahren und auf seine Liebe mit Liebe antworten. »Gott ist Liebe« ist eine echt johanneische Sprachbildung wie die Wendungen »Gott ist Licht« (1^{5}), »Gott ist Geist« (JE 4^{24}). Sie verdichten stammelnd die Fülle des göttlichen Lebens und heben sie schöpferisch ins Wort.

4^{9} Gott war von Ewigkeit her ein Liebender. Er liebte seinen Sohn vor Grundlegung der Welt (JE 17^{24}). Aber seine Liebe wollte sich auch unter uns und in uns verströmen. Darum sandte er seinen einzigen Sohn in die Welt, um uns durch ihn Anteil an seinem Leben und seiner Liebe zu geben. Seine Einladung, mit ihm das Fest der Liebe zu feiern, erging an alle Menschen, wurde aber nicht von allen angenommen.

4^{10} Nicht wir sind es, die den Anfang der Liebe gemacht und das Ausströmen der göttlichen Liebe eingeleitet haben, sondern Gott. Indem er seinen Sohn sandte, und zwar als Sühnopfer für unsere Sünden (1^{7} 2^{2}), verströmte er seine ewige Liebe in der Zeit. Nicht das Ereignis der Liebe Gottes in der Sendung seines Sohnes, aber dessen Sühnetat war zwischen unserem Verfasser und den abtrünnigen Johanneschristen strittig.

4^{11} Die Liebe Gottes zu uns ereignete sich darin, daß Jesus sein Leben für uns niederlegte. Wenn wir aus dieser Liebestat leben und lieben sollen, dann müssen auch wir unser Leben füreinander hingeben (vgl. 3^{16} 2^{6}).

ander lieben, bleibt Gott in uns, und seine Liebe ist in uns vollendet. 5^{37}; 6^{46}
13 Daran erkennen wir, daß wir in ihm bleiben und er in uns bleibt: Er
hat uns von seinem Geist gegeben. 14 Wir haben gesehen und bezeu- Joh 4^{42}
gen, daß der Vater den Sohn gesandt hat als den Retter der Welt.
15 Wer bekennt, daß Jesus der Sohn Gottes ist, in dem bleibt Gott,
und er bleibt in Gott. 16a Wir haben die Liebe, die Gott zu uns hat, er-
kannt und gläubig angenommen.

Furcht und Liebe: 4^{16b-21}

16b Gott ist die Liebe, und wer in der Liebe bleibt, bleibt in Gott, und
Gott bleibt in ihm. 17 Darin ist unter uns die Liebe vollendet, daß wir

4^{12} Niemand hat Gott je geschaut (JE 1^{18}). Es gibt aber noch eine andere Art, Gott zu erfahren und sein Geheimnis zu greifen. Das ist der Weg der Liebe. Wer Gott als Liebenden erfährt, erfährt seine lebendige Gegenwart auf eine andere und neue Weise. Gott verströmt als Liebender seine Liebe an uns. Das Strömen seiner Liebe vollzieht und vollendet sich an uns durch unsere gegenseitige Liebe. In ihr lebt und liebt Gott in uns. Gott schenkt sich denen als Liebender und Liebe, die einander von ihm her lieben.

4^{13} Schon in 3^{24} hörten wir, daß Gottes Bleiben in uns durch den Geist erfahrbar wird. Diese Aussage wird jetzt nochmals aufgenommen und vertieft. Der Geist wird als die Ursache verstanden, durch die das Leben und die Liebe des Vaters in seine Kinder ausströmt und erfahren wird. Dieses Leben aber wird gedeutet als ein Bleiben und Wohnen des liebenden Gottes im Christen und des Christen im liebenden Gott, als innigstes Ineinander und Miteinander, das jede faßbare Vorstellung übersteigt.

4^{14-16a} Der Zusammenhang deutet darauf hin, daß hier alle Anhänger des Verfassers zusammen mit ihm die Erfahrung des johanneischen Zeugenkreises ausdrücken, in die sie durch ihr Taufbekenntnis hineingewachsen sind: daß Gott seinen Sohn als Retter der Welt gesandt hat. In diesem Ereignis haben die Johanneschristen glaubend die Liebe Gottes erkannt. Für diese Liebe legen sie vor ihren Mitchristen und vor der Welt Zeugnis ab, indem sie ihr Taufbekenntnis wiederholen, das – im Widerspruch zu den Irrgläubigen – den irdischen Jesus im Zug seines liebenden Verhaltens und seiner Hingabe für die Welt im Tod als Sohn Gottes versteht (vgl. $4^{3.10}$). Wer zu diesem Bekenntnis steht, der erfährt, wie schon 4^{13} sagte, sein Ineinander und Miteinander mit dem lebendigen und liebenden Gott. Mit den treuen Bekennern der johanneischen Gemeinde haben auch wir die Liebe erkannt und an sie geglaubt, die Gott in uns lebt und verströmt.

$4^{16b-17a}$ Hier wiederholt unser Schreiber den Sternsatz aus ^{8}: Gott ist Liebe. Wer in seiner Liebe bleibt und verharrt, sich vom Strömen dieser Liebe ergreifen und verwandeln läßt, der bleibt in Gott und Gott in ihm, eben weil Gott Liebe ist. Der Verfasser schließt diesen Gedankengang ab, indem er hinzufügt: »Darin ist (nämlich) die Liebe mit uns zur Vollendung gekommen.« Das heißt: Wer

am Tag des Gerichts Zuversicht haben. Denn wie er, so sind auch wir
in dieser Welt. 18 Furcht gibt es in der Liebe nicht, sondern die voll-
kommene Liebe vertreibt die Furcht. Denn die Furcht rechnet mit
Strafe, und wer sich fürchtet, dessen Liebe ist nicht vollendet.
4^{9f} 19 Wir wollen lieben, weil er uns zuerst geliebt hat. 20 Wenn jemand
sagt: Ich liebe Gott!, aber seinen Bruder haßt, ist er ein Lügner. Denn
wer seinen Bruder nicht liebt, den er sieht, kann Gott nicht lieben,
Mt 22^{37-40} den er nicht sieht. 21 Und dieses Gebot haben wir von ihm: Wer Gott
Joh $14^{15.21}$ liebt, soll auch seinen Bruder lieben.
15^{17}

an der Liebe, die aus dem Herzen Gottes ausströmt und sich in das Herz des liebenden Christen ergießt, festhält, der erfährt, wie sich in seiner Liebe die Liebe Gottes verströmt und im Zusammenwirken mit ihm das Ziel ihres Ausgehens und Überfließens in uns erreicht hat (vgl. 4^{12}).

4^{17bc} Im Gegensatz zum Einheitstext verstehe ich die Fortsetzung von ^{17} so, daß die Zuversicht der Christen am Tag des Gerichts als Folge der Vollendung erscheint, die Gottes Liebe in der Liebe seiner Kinder erreicht. Die Christen dürfen, wenn sie die Liebe Gottes und ihre Verwandlung in Liebende erfahren, voll Zuversicht dem Tag der Ankunft Christi entgegensehen. Das Recht zu dieser Haltung wird noch unterstrichen durch den Hinweis darauf, daß wir in dieser Welt Gott so gegenübertreten dürfen, wie *Jener* = Jesus seinem Vater als geliebter Sohn gegenübersteht.

4^{17d-18} Wer von der Liebe Gottes ergriffen wurde, der kann sich vor Gott nicht fürchten. Die in unserer Liebe zur Vollendung gekommene Liebe Gottes treibt die Furcht aus, weil diese mit Strafe rechnet. Wer sich aber von Gottes Liebe ganz verwandeln läßt, rechnet nicht mehr mit Strafe.

4^{19} Im Anschluß an 4^{18} empfiehlt es sich, 4^{19} so zu verstehen: Wir aber sind solche, die lieben, weil er uns zuerst geliebt hat (vgl. 4^{10}). Das heißt: Die Liebe Gottes ist in unserer Liebe an ihr Ziel gekommen; deswegen kann von Angst hier nicht die Rede sein.

4^{20} Der zweite Satz des Verses knüpft an die Aussage an: Gott hat niemand je gesehen (4^{12}). Dort war die Rede davon, daß denen, die Gott nicht schauen können, noch der Weg der Liebe offensteht, um dem Geheimnis Gott näherzukommen. Wenn aber einer seinen Bruder haßt, den er doch sehen kann, dann kann er auch Gott nicht lieben; denn er hat die göttliche Liebe daran gehindert, sich in seiner Bruderliebe zu verströmen, und hat so den einzigen Zugang zum verborgenen Gott in dieser Welt unterbrochen.

4^{21} Der Gedankengang kehrt jetzt zu seinem Ausgangspunkt in 3^{23f} zurück. Als Christen stehen wir unter dem Gebot der Bruderliebe. Wenn der liebende Gott uns auf seine Liebe hin anreden und unsere menschliche Freiheit achten will, dann muß er auch das Sprachspiel des Gebotes brauchen. Auch so – wenn auch nicht nur so – bricht das Strömen seiner Liebe in unser Leben ein.

5^{1} Wörtlich übersetzt lautet der Vers: Jeder, der glaubt, daß Jesus der Christus ist, ist aus Gott gezeugt, und jeder, der den Erzeuger liebt, liebt auch den aus ihm Gezeugten. Der Satz faßt das vorausgehende Kapitel zusammen, indem er wie 3^{23} den Christen als Glaubenden und

Der Glaube als Sieg über die Welt: 5^{1-8}

5^1 Jeder, der glaubt, daß Jesus der Christus ist, stammt von Gott, und 4^{15}
jeder, der den Vater liebt, liebt auch den, der von ihm stammt. [2] Wir Joh 1^{12}; 3^3
erkennen, daß wir die Kinder Gottes lieben, wenn wir Gott lieben
und seine Gebote erfüllen.
[3] Denn die Liebe zu Gott besteht darin, daß wir seine Gebote halten.
Seine Gebote sind nicht schwer. [4] Denn alles, was von Gott stammt, 2^{14}
besiegt die Welt. Und das ist der Sieg, der die Welt besiegt hat: unser
Glaube. [5] Wer sonst besiegt die Welt, außer dem, der glaubt, daß
Jesus der Sohn Gottes ist? [6] Dieser ist es, der durch Wasser und Blut Joh 19^{34}
gekommen ist: Jesus Christus. Er ist nicht nur im Wasser gekommen, 1^{33}; 14^{26}

Liebenden versteht. Dieser glaubt, daß Jesus mit seinem menschlichen Leben und Sterben der Bringer des Heils ist, und er liebt nicht nur seinen Erzeuger, sondern auch seine Brüder und Schwestern, weil sie Kinder Gottes sind wie er. Glaube und gegenseitige Liebe aber sind Frucht und Kennzeichen des Ursprungs und der Zeugung aus Gott wie Bekenntnis und Bruderliebe in $4^{2.7}$.

5^2 Hier denkt der Verfasser an seine Gegner, die aus ihrer Überzeugung von der Menschwerdung des Gottessohnes keine Folgerungen für ihr christliches Verhalten ziehen. Ihnen gegenüber hält er fest, daß nur jene, die Gott lieben und seine Gebote anerkennen, ihre Brüder und Schwestern lieben. Dieser Schluß ist vereinbar mit der Möglichkeit, aus der gegenseitigen Liebe der Christen zu schließen, daß sie Gott lieben (vgl. 4^{20}).

5^{3-4a} In anderer Form hören wir hier, was schon 5^2 sagte: Die Liebe zu Gott und das Halten seiner Gebote fallen zusammen. Das ist nach den Aussagen von Kapitel 4 selbstverständlich, weil sich die Liebe, die von Gott ausgeht, Liebende schafft und sich in seinen Geboten wie im Halten dieser Gebote verströmt. Das ist ein Grund, warum der Verfasser sagen kann: Seine Gebote sind nicht schwer. Er fügt aber dann ausdrücklich dazu: Denn alles, was aus Gott gezeugt ist, überwindet die Welt. Alle Kinder Gottes sind nämlich Liebende, und die Liebe überwindet den Haß der Welt.

5^{4b} Dieser Satz ist die Einleitung zum ganzen folgenden Abschnitt 5^{5-12}, der vom Glauben und dem ihm zugrunde liegenden Zeugnis Gottes für seinen Sohn Jesus Christus handelt. Nicht nur unsere Liebe, sondern auch unser Glaube hat die Welt überwunden und überwindet sie noch.

5^{5-8} Wie in 2^{22} 4^{15} 5^1 schließt die Glaubensformel »Jesus ist der Sohn Gottes (Christus)« ein, daß der irdische Jesus, der auch für uns starb, der Mittler des Heils ist. Er kam als solcher durch Wasser und Blut, das nach JE 19^{34} aus der geöffneten Seite Jesu floß. Das Blut steht hier – im Gegensatz zu dieser Stelle – nachdrücklich in Schlußstellung, weil es auf den Sühnetod Jesu verweist (1 Joh 1^7 2^2 4^{10}). Aber auch das Wasser aus der Seite Jesu ist Zeichen des durch den Tod Jesu vermittelten Heils, da es anzeigte, daß von jetzt an aus dem Innern Jesu für die Glaubenden das Wasser des Lebens, der Geist strömte (JE 7^{38f} 19^{34f}).

sondern im Wasser und im Blut. Und der Geist ist es, der Zeugnis ab-
legt; denn der Geist ist die Wahrheit. 7 Drei sind es, die Zeugnis able-
gen: 8 der Geist, das Wasser und das Blut; und diese drei sind eins.

Das Zeugnis Gottes: 5^{9-12}

Joh $5^{32.36f}$ 9 Wenn wir von Menschen ein Zeugnis annehmen, so ist das Zeugnis
Gottes gewichtiger; denn das ist das Zeugnis Gottes: Er hat Zeugnis
abgelegt für seinen Sohn. 10 Wer an den Sohn Gottes glaubt, trägt das
Zeugnis in sich. Wer Gott nicht glaubt, macht ihn zum Lügner, weil
Joh 8^{44} er nicht an das Zeugnis glaubt, das Gott für seinen Sohn abgelegt hat.
Joh 1^{4} $5^{21.24.26}$ 11 Und das Zeugnis besteht darin, daß Gott uns das ewige Leben ge-

Die Irrlehrer sprachen, wie 6 andeutet, wahrscheinlich nur vom Kommen Jesu im Wasser, und zwar in Verbindung mit seiner Taufe im Jordan. Unser Verfasser widerspricht ihnen, indem er sich ausschließlich an das Ausfließen von Wasser und Blut aus der Seite des Gekreuzigten hält. Als Zeugen für dieses Ereignis nennt er den Geist, der die Wahrheit ist. Er ist die göttliche Kraft, die das Zeugnis trägt, das der Jünger, den Jesus liebte, nach JE 19^{35} als Augenzeuge für das Geschehene abgelegt hat (vgl. dazu 19^{25-27} 15^{26f}). Überraschenderweise wird anschließend in 7f vom dreifachen Zeugnis gesprochen, das der Geist, das Wasser und das Blut abgelegt haben. Damit soll der biblischen und frühchristlichen Auffassung Genüge getan werden, daß zwei oder drei Zeugen nötig sind, wenn ein Zeugnis als wahr anerkannt werden soll. Das dreifache Zeugnis gilt aber dem einen und gleichen Ziel wie das Zeugnis des Geistes, nämlich die Tatsache des Ausfließens von Wasser und Blut aus der Seite des getöteten Jesus festzuhalten und damit die Deutung des Todes Jesu als das endzeitliche Heilsereignis zu ermöglichen.

5^{9} Vernünftigerweise kann man nicht daran zweifeln, daß das Zeugnis der Menschen, von dem hier die Rede ist, nicht mit dem Zeugnis des Geistes in 5^{6} oder mit dem Zeugnis der drei eben genannten Zeugen gleichzusetzen ist. Das Zeugnis des Geistes und das damit zusammenfallende Zeugnis dieser drei Zeugen ist im Sinn unseres Verfassers zweifellos ein göttliches Zeugnis, das deswegen wahr ist, weil es vom Geist der Wahrheit getragen und geprägt ist. Der erste Satz unseres Verses kann deswegen kaum einen andern Sinn haben, als dieses Zeugnis des Geistes und der drei angeführten Zeugen mit dem Zeugnis Gottes gleichzusetzen und zu erklären, daß es jedes menschliche Zeugnis, das sich zur Annahme empfiehlt, in den Schatten stellt und an Gewicht für unser Leben übertrifft. Und dieses Zeugnis hatte seinen Sohn und dessen Stellung als Mittler des Heils zum Inhalt.

5^{10} Das Zeugnis, das Gott durch den Geist und die drei oben genannten Zeugen über seinen Sohn abgelegt hat, kann man glaubend in sich aufnehmen und sich von ihm erfüllen lassen. Wer aber Gott, der für seinen Sohn am Holz des Kreuzes als Zeuge aufgetreten ist, nicht glaubt, hat ihn zum Lügner gemacht.

5^{11} Das Zeugnis Gottes für seinen

geben hat; und dieses Leben ist in seinem Sohn. 12 Wer den Sohn hat,
hat das Leben; wer den Sohn Gottes nicht hat, hat das Leben nicht.

SCHLUSSMAHNUNG:
SÜNDE UND EWIGES LEBEN: 5^{13-21}

13 Dies schreibe ich euch, damit ihr wißt, daß ihr das ewige Leben Joh 20^{31}
habt; denn ihr glaubt an den Namen des Sohnes Gottes. 14 Wir haben
ihm gegenüber die Zuversicht, daß er uns hört, wenn wir etwas erbit- Joh 14^{13f}
ten, das seinem Willen entspricht. 15 Wenn wir wissen, daß er uns bei
allem hört, was wir erbitten, dann wissen wir auch, daß er unsere Bit-
ten schon erfüllt hat. 16 Wer sieht, daß sein Bruder eine Sünde begeht, Joh 15^{22-24}
die nicht zum Tod führt, soll (für ihn) bitten; und Gott wird ihm Mt 12^{31}

Sohn ist nicht ein leeres Tatsachenzeugnis. Es umfaßt vielmehr die Offenbarung, daß Gott uns ewiges Leben verliehen hat, und zwar eben in seinem Sohn, der am Kreuz für uns starb und uns unter dem Zeichen seines Blutes die Vergebung unserer Sünden und unter dem Zeichen des Wassers den Geist des Lebens schenkte. Dieses endzeitliche Heil ist allen, die an den Sohn glauben, jederzeit in ihm zugänglich.

5^{12} Wer also glaubend den Sohn hat, der hat das Leben. Wer sich aber ungläubig vom Sohn abwendet, hat weder ihn noch das Leben, das uns in ihm vom Vater her erschien und durch seinen Tod zugänglich gemacht wurde (vgl. 1 Joh 1^{1f} 2^{2}).

5^{13} Unser Verfasser kommt unverkennbar zum Schluß seines Schreibens. Er entspricht dem ursprünglichen Schluß JE 20^{31}, mit dem er ausdrucksmäßig und inhaltlich weitgehend übereinstimmt. Die Leser sollen aber durch den Hinweis auf ihren Glauben an den Namen des Sohnes Gottes ermutigt werden und auf das Leben vertrauen, das sie durch seine Heilsmacht festhalten dürfen.

5^{14f} Der Schreiber schließt sich nun mit seinen Christen durch das gewinnende Wir zusammen und spricht wie 3^{21f} ausdrücklich von der Zuversicht Gott gegenüber, die wirksam wird, wenn die Gemeinde ihn so bittet, wie es seinem Willen entspricht. Dem Ausdruck der Zuversicht dient auch das zweimalige »Wir wissen«, das folgt. Wir wissen, daß unser Gott keine unserer Bitten überhört. Darum wissen wir, daß wir schon erhört sind, wenn wir bitten, wie es ihm gefällt.

5^{16f} Hier ist die Rede von einer Sünde, die zum Tod führt, und von Sünden, die nicht zum Tod führen. Die Sünde zum Tod kann im Rahmen unserer Schrift kaum etwas anderes sein als die Sünde der Abtrünnigen, die den wahren Glauben verleugnen und den Bruch mit der Muttergemeinde verschuldet haben. Sie sind durch den Geist der endzeitlichen Verführung Kinder des Teufels geworden (vgl. 4^{1-6} 3^{10}). Für sie soll man nicht beten (vgl. JE 17^{9}). Auch wenn wir das heute nicht mehr so leicht fassen, können wir doch verstehen, daß es unser Verfasser so sagt. Was aber sind hier Sünden »nicht zum Tod«, die im Schoß der Gemeinde geschehen? Für jene, die so schuldig geworden sind, soll man beten, damit Gott ihnen neues Leben

Hebr 6^{4-6} Leben geben, allen, deren Sünde nicht zum Tod führt. Denn es gibt
10^{26-29} Sünde, die zum Tod führt. Von ihr spreche ich nicht, wenn ich sage,
daß er bitten soll. 17 Jedes Unrecht ist Sünde; aber es gibt Sünde, die
$3^{6.9}$ nicht zum Tod führt. 18 Wir wissen: Wer von Gott stammt, sündigt
Joh $1^{13.18}$ nicht, sondern der von Gott Gezeugte bewahrt ihn, und der Böse ta-
Joh 8^{47} stet ihn nicht an. 19 Wir wissen: Wir sind aus Gott, aber die ganze
12^{31}; 14^{30} Welt steht unter der Macht des Bösen. 20 Wir wissen aber: Der Sohn
Joh 17^{3} Gottes ist gekommen, und er hat uns Einsicht geschenkt, damit wir
20^{28} (Gott) den Wahren erkennen. Und wir sind in diesem Wahren, in sei-
nem Sohn Jesus Christus. Er ist der wahre Gott und das ewige Leben.
21 Meine Kinder, hütet euch vor den Götzen!

schenke. Haben sie es also doch verloren? Anzunehmen, hier handle es sich um sogenannte »läßliche« Sünden, halte ich mit dem Ernst der Ausdrucksweise eher unvereinbar. Denkt der Verfasser vielleicht doch an schwerwiegende Sünden, die aber nach seiner Auffassung vergeben werden können?

5^{18} Im Anschluß an eine Anmerkung im Einheitstext übersetze ich den Vers so: Wir wissen: Jeder, der aus Gott gezeugt ist, sündigt nicht. Vielmehr! Wer von Gott gezeugt ist, den bewahrt er, und der Böse tastet ihn nicht an.

Die Aussage läuft sachlich der Stelle 3^{9} parallel. Nachdem in 5^{16f} von den Sünden in der Gemeinde die Rede war, liegt es dem Verfasser am Herzen, nochmals hervorzuheben, daß der aus Gott gezeugte Christ, wenn er sich ganz dem Zug des in ihm wirksamen Gottes überläßt, nicht sündigt und dem Bösen nicht verfällt. Vielleicht will er aber nur sagen, daß der wirklich aus Gott Gezeugte nicht vom Glauben abfallen und zu den Abtrünnigen überlaufen kann.

5^{19} Alle drei Verse $^{18-20}$ werden je mit einem »Wir wissen« eingeleitet. Damit erinnert der Verfasser seine Christen an ihre Aufnahme in die Johannesgemeinde. Unser Vers unterstreicht, daß sie seither so zum Heilsraum Gottes gehören, daß sie kein Stück der ungläubigen Welt werden können, wie es die Abtrünnigen geworden sind. Diese Welt steht ganz und gar unter der Macht des »Bösen«, des Fürsten der Welt (JE 12^{31}).

5^{20} Die Taufe hat den Johanneschristen auch das gläubige Wissen gebracht, daß der Sohn Gottes gekommen ist, damit sie »den Wahren« erkennen, das heißt Gott, wie er sich in Jesus Christus geoffenbart hat und wie sie ihn bekennen. In diesem offenbar gewordenen Gott sind sie, weil sie in seinem Sohn Jesus Christus sind und an seinem Leben aus dem Vater teilhaben. Jesus Christus selbst ist der wahre Gott (JE $1^{1.18}$ 20^{28}), aus dessen Lebensfülle wir alle schöpfen dürfen (JE 1^{16f}).

5^{21} Der Verfasser mahnt seine Kinder abschließend, sich vor den Götzen zu hüten, eine Ausdrucksweise, die vor dem Abfall warnt, wie wir sie auch in den Schriften vom Toten Meer finden. Er wendet sie gewiß an auf die Verführung, die ihnen von den Falschpropheten droht. Wenn sie ihrer Stimme folgen, werden sie das Bekenntnis zum einen wahren Gott und seinem Sohn verleugnen und so den Götzen der Welt verfallen.

ANSCHRIFT UND GRUSS: 1–3

1 Der Älteste an die von Gott auserwählte Herrin und an ihre Kinder, 3 Joh 1
die ich in Wahrheit liebe; aber nicht nur ich, sondern auch alle, die
die Wahrheit erkannt haben, lieben sie 2 aufgrund der Wahrheit, die Joh 14^{17}
in uns bleibt. Und sie wird mit uns sein in Ewigkeit. 3 Gnade wird mit

1a Der zweite und dritte JB sind die einzigen uns erhaltenen christlichen Briefe aus der Zeit um 50–150 n. Chr., deren Absender nicht seinen eigentlichen Namen, sondern einen Beinamen nennt: der Älteste. Er war aber kein Amtsträger wie die frühchristlichen Gemeindeältesten. Ein solches Amt kannten die Johannesgemeinden zur Zeit der Abfassung unserer Briefe nicht. Wir wissen aber aus der frühesten Kirchengeschichte, daß gelegentlich Schüler von Aposteln oder Jesusjüngern Älteste genannt wurden, ohne Gemeindeälteste zu sein. Der Beiname kann deswegen in unseren Briefen voraussetzen, daß der Verfasser ein Schüler des Jüngers war, den Jesus liebte, und daß die andern Mitglieder des johanneischen Zeugenkreises nicht Älteste genannt wurden. Es dürfte sich um einen Ehrennamen handeln, der unserem Verfasser deswegen gegeben wurde, weil er in diesem Kreis eine hervorragende Gestalt war.

Der Älteste wendet sich mit seinem Brief an »eine auserwählte Herrin und ihre Kinder«. Diese ist offenbar eine christliche Gemeinde mit ihren Mitgliedern, die in einer anderen Stadt zu Hause war als die johanneische Muttergemeinde, aber aus der gleichen Überlieferung lebte wie sie; vgl. Vers ^{13}. Herrin kommt als Ehrenname für die Gesamtkirche oder einzelne christliche Gemeinden der Frühzeit auch sonst gelegentlich vor.

1bc–3 Wenn wir die hier vorliegende Erweiterung der Anschrift verstehen wollen, ist es nützlich, auf ihre Formstruktur hinzuweisen. Sie läßt sich wie folgt darstellen:

(Aa) die ich *liebe in Wahrheit*
(Ab) und nicht nur ich, sondern *alle Kenner der Wahrheit*
(B) *durch die Wahrheit die bleibende in uns*
(C) *und mit uns sein wird auf ewig*
(C') *sein wird mit uns*
(B'a) *Gnade Barmherzigkeit Friede*
(B'b) *von Gott dem Vater und von Jesus Christus seinem Sohn*
(A') *in Wahrheit und Liebe*

In diesem kleinen Absatz geht es um Wahrheit und Liebe. Die Wahrheit ist johanneisch die Offenbarungsbotschaft von Vater und Sohn und vom Kommen des Sohnes im Fleisch. Im wachsenden Glauben wird die Botschaft und damit die Wahrheit in das Innere des Glaubenden eingeholt (vgl. JE $8^{30-32.37.51f}$ $17^{17.19}$). Dort wird sie gläubig verwahrt und durch Gottes Heilsgegenwart eine Kraft, die das Leben des Glaubenden von innen her verwandelt und dem Leben Jesu angleicht. Wer »aus der Wahrheit ist« (JE 18^{37} 1 Joh 2^{21} $3^{18.19a}$), der liebt durch sein »Werk« in der Kraft dieser Wahrheit.

Im Licht dieser Hinweise und der vorgelegten Formstruktur wird nun unser Absatz durchsichtig. Von der Wahrheit wird hier gesagt, daß sie in allen ihren Kennern bleibend ist. Dadurch wird sie als die durch das Wirken des Geistes in ihnen eingesunkene und angesiedelte Offenba-

uns sein, Erbarmen und Friede von Gott, dem Vater, und von Jesus Christus, dem Sohn des Vaters, in Wahrheit und Liebe.

LEBEN IN DER WAHRHEIT: 4–6

3 Joh 3 [4] Ich habe mich sehr gefreut, unter deinen Kindern solche zu finden,
die in der Wahrheit leben, gemäß dem Gebot, das wir vom Vater
1 Joh 2[7–11] empfangen haben. [5] Und so bitte ich dich, Herrin, nicht als wollte ich
dir ein neues Gebot schreiben, sondern nur das, das wir von Anfang
Joh 14[21] an hatten: daß wir einander lieben sollen. [6] Denn die Liebe besteht
1 Joh 5[3] darin, daß wir nach seinen Geboten leben. Das Gebot, das ihr von
Anfang an gehört habt, lautet: Ihr sollt in der Liebe leben.

rungsbotschaft gekennzeichnet. Im gleichen Atemzug (B) wird sie auch als Quelle der Bruderliebe genannt (»durch«) und steht hier parallel zum Ausdruck »in Wahrheit« (Aa). In (C) wird das In-uns-Bleiben parallel ausgedrückt durch das Mit-uns-sein-wird-auf-ewig. Mitsein heißt in biblischer Sprechweise helfend mitwirken. Die Wahrheit wirkt demnach mit, daß ihre Kenner (Ab) die Bruderliebe üben (Aa). Das Mit-uns-Sein wird in (C') nochmals aufgenommen und jetzt ausgesagt von der barmherzigen und friedenschaffenden Liebe (B'a), die von Gott dem Vater und Sohn ausgeht (B'b) und mit den Glaubenden mitwirkt. Diese Aussage steht synonym zur in uns bleibenden Wahrheit und ihrer Mitwirkung zur Ausübung der Bruderliebe. Das also vollzieht sich »in (der) Wahrheit« und vollendet sich »in (der) Liebe« (A').

[4] Der Älteste drückt jetzt kurz seine große Freude darüber aus, daß er mit einigen Christen der Empfängergemeinde zusammengetroffen ist, die ihn durch ihr Verhalten überzeugt haben, daß sie »in der Wahrheit wandeln«. Mit dieser Wendung knüpft er an das in der Anschrift Gesagte an. Der Ausdruck »wandeln in der Wahrheit«, der im Einheitstext mit »leben in der Wahrheit« übertragen wird, läßt sogleich eine räumliche Vorstellung entstehen, so daß die Wahrheit als Raum erscheint, worin sich der Christ bewegt. Wenn wir zugleich an das in [1–3] Gesagte denken, dann ist das Wandeln in der Wahrheit nichts anderes als der Vollzug der Bruderliebe in dem Raum, wo die Offenbarung der Liebe von Vater und Sohn gegenwärtig ist und aus dem Herzen der Glaubenden in das Leben der Gemeinde ausstrahlen und sich dort ausdrücken will. Diese Bruderliebe ist der Mitvollzug der Liebe von Vater und Sohn, die sich in der christlichen Gemeinde verströmt. Ein Zeugnis dieser Liebe aus der angeschriebenen Gemeinde fand der Älteste in seiner Begegnung mit einigen ihrer Mitglieder.

[5f] Der Älteste erinnert nun die angesprochene Gemeinde ausdrücklich an das Gebot der Bruderliebe, das in den Johannesgemeinden vom Anfang ihrer Geschichte an als Gebot des Herrn »vom Vater her« ([4]) überliefert wurde. Die Liebe der Christen zu Gott wird gerade daran erkennbar, daß sie sich dem Willen Gottes, der sich vor allem im Gebot der Bruderliebe zeigt, liebend hingibt und so »in ihm wandelt«, d. h. im Raum der Bruderliebe und der Wahrheit lebt.

ABWEISUNG VON IRRLEHRERN: 7–11

7 Viele Verführer sind in die Welt hinausgegangen; sie bekennen 1 Joh $2^{18.22}$
nicht, daß Jesus Christus im Fleisch gekommen ist. Das ist der Ver- 4^{2f}
führer und der Antichrist. 8 Achtet auf euch, damit ihr nicht preisgebt,
was wir erarbeitet haben, sondern damit ihr den vollen Lohn emp- 1 Joh 2^{23f}
fangt. 9 Jeder, der darüber hinausgeht und nicht in der Lehre Christi
bleibt, hat Gott nicht. Wer aber in der Lehre bleibt, hat den Vater
und den Sohn.
10 Wenn jemand zu euch kommt und nicht diese Lehre mitbringt,
dann nehmt ihn nicht in euer Haus auf, sondern verweigert ihm den
Gruß. 11 Denn wer ihm den Gruß bietet, macht sich mitschuldig an
seinen bösen Taten.

7f Der Briefschreiber kommt zu seinem zweiten großen Anliegen. Die Leute, die seine Muttergemeinde gespalten haben, sind jetzt mit ihrer Lehre auf Reisen gegangen. Die Gefahr droht, daß sie nun auch in die angesprochene Gemeinde eindringen. Darum nennt der Älteste die Werber für die Irrlehre gleich von Anfang an Verführer. Sie werden die Rolle des Antichrists auch auswärts wahrnehmen, um so weitere Christen zum Abfall vom Glauben zu verleiten. Diese würden dadurch freilich die Vollendung des Heils (1 Joh 3^2) aufs Spiel setzen, das sie durch ihren Glauben schon gewonnen haben.

9 Jeder, der sich für einen Fortschritt in der Erkenntnis Gottes einsetzt, aber die Lehre Christi, so wie sie in der johanneischen Überlieferung von Anfang an festgehalten wurde, preisgibt, gibt damit alles preis, was er durch Glauben und Taufe an göttlichem Heil erlangt hat; er gibt Gott preis, den er hat. Nur wer über den Anfang nicht hinausgeht, sondern in der Lehre Christi verharrt, hat den Vater und den Sohn. Diese Aussagen richten sich nicht gegen den Fortschritt der christlichen Erkenntnis als solchen, sondern gegen einen Fortschritt, der die Verbindung mit dem Jesusereignis und den Anfängen des Christentums zerbricht.

10f Der Älteste ist überzeugt, daß seine Gegner keine wohlmeinenden Christen sind. Sie sind auf Fang und Beute aus. Wenn man sie gewähren läßt, wird das johanneische Christentum zerfallen. Kommt also einer dieser Sendlinge zu den angesprochenen Christen und erweist sich als Vertreter der Irrlehre, soll man ihm die Tür weisen und sich in kein Gespräch mit ihm einlassen. Wer dieser Anweisung nicht Folge leistet, wird an dessen bösen Taten mitschuldig.

Dieses Verhalten mag manchen Leser von heute lieblos und unchristlich anmuten. Für unseren Verfasser geht es aber um eine Frage des Überlebens christlicher Gemeinden und des christlichen Glaubens. Es geht um die Liebe zu denen, für die ihre Brüder und Schwestern Verantwortung tragen. Man wird auch annehmen müssen, daß die Werber für die Irrlehre geschulte Leute waren. Einfache Christen, die sich mit ihnen einließen, waren ihnen ausgeliefert. Dennoch wird man die Weisung des Ältesten nicht als Regel für alle Zeiten und alle Umstände ansehen dürfen. Die Prüfung und Unterscheidung der Geister bleibt aber keinem Christen und keiner Kirche erspart.

SCHLUSSGRÜSSE: 12–13

3 Joh 13f [12] Vieles hätte ich euch noch zu schreiben; ich will es aber nicht mit Papier und Tinte tun, sondern hoffe, selbst zu euch zu kommen und persönlich mit euch zu sprechen, damit unsere Freude vollkommen wird. [13] Es grüßen dich die Kinder deiner auserwählten Schwester.

[12] Der Briefschluß entspricht damaligen Schreibmustern in der griechisch-römischen Welt und darf deswegen nicht zu wörtlich verstanden werden. Daß der Verfasser die angeschriebene Gemeinde persönlich besuchen will, sobald sich eine Gelegenheit bietet, ist dennoch anzunehmen, weil der Ernst der Lage dazu rät. Ganz johanneisch klingt dann der Schluß des Satzes, der auf die Freude ausblickt, die der in Aussicht genommene Besuch auf beiden Seiten auslösen wird.

[13] Der letzte Satz des Briefs fällt dadurch auf, daß der Älteste die »Herrin« nicht persönlich grüßt, sondern ihr nur die Grüße ihrer »auserwählten Schwester«, das heißt seiner eigenen Gemeinde, ausrichtet. Diese Art des Schlußgrußes verdeutlicht die Gemeinschaft der beiden Gemeinden, welche mit ihren Kindern eine einzige Familie bilden, die ihren Ursprung in ihrer Geburt als Gotteskinder genommen hat.

ANSCHRIFT UND GRUSS: 1–4

1 Der Älteste an den geliebten Gaius, den ich in Wahrheit liebe. 2 Joh 1
2 Lieber Bruder, ich wünsche dir in jeder Hinsicht Wohlergehen und
Gesundheit, so wie es deiner Seele wohlergeht. 3 Denn ich habe mich
sehr gefreut, als Brüder kamen, die für deine Treue zur Wahrheit
Zeugnis ablegten und berichteten, wie du in der Wahrheit lebst. 4 Ich
habe keine größere Freude, als zu hören, daß meine Kinder in der
Wahrheit leben.

UNTERSTÜTZUNG VON MISSIONAREN: 5–8

5 Lieber Bruder, du handelst treu in allem, was du an den Brüdern,
sogar an fremden Brüdern tust. 6 Sie haben vor der Gemeinde für

Der dritte Brief des Johannes ist der kürzeste des ganzen NT. Im Gegensatz zum zweiten JB ist er nicht an eine Gemeinde, sondern an einen einzelnen Christen geschrieben. Dennoch ist sein Inhalt ganz auf Fragen von kirchlicher Tragweite ausgerichtet. Manche Schwierigkeiten, die er aufwirft, sind aber für uns nicht leicht oder kaum lösbar, weil seine Angaben zu dürftig sind, um eine genügende Durchsicht zu ermöglichen.

1 Der Briefempfänger heißt Gaius, ein damals verbreiteter römischer Name. Der Älteste nennt Gaius »den Geliebten, den ich in Wahrheit liebe« (vgl. 2 Joh 1). Er will damit sagen, daß er durch die in ihm, dem Ältesten, eingewurzelte Offenbarungswahrheit, die Botschaft von der Liebe des Vaters und des Sohnes, Gaius als seinen Bruder liebt. So erklärt sich auch der Ausdruck »Geliebter«, den er in 2.5.11 nicht absichtslos wiederholt.

2 Der Briefschreiber wünscht dem Empfänger in jeder Hinsicht Erfolg und gute Gesundheit, so wie es ihm auch geistig gut gehe. Dieser Hinweis blickt auf die folgenden Mitteilungen voraus.

3f Wie sich der Älteste nach 2 Joh 4 gefreut hatte, als er einige Mitglieder der angeschriebenen Gemeinde traf, erzählt er hier, daß er große Freude hatte, als johanneische Christen von auswärts ihm schilderten, wie Gaius »in der Wahrheit wandle«. Auch hier ist an die Übung der Bruderliebe aus der Kraft der in die Tiefe des Herzens aufgenommenen Botschaft vom Ereignis der Liebe Gottes in Jesus Christus gedacht, wie der folgende Abschnitt deutlich machen wird.

5f Der Älteste lobt Gaius, weil er durchreisende Brüder – jedenfalls johanneische Missionare – als Gäste aufgenommen hat und immer noch aufnimmt, auch wenn er sie nicht näher kennt. Einige von ihnen sind anscheinend von der Stadt, wo Gaius lebt, zur johanneischen Muttergemeinde zurückgereist, von der sie vermutlich zu ihrem Werk ausgesandt worden waren. Vor der versammelten Gemeinde haben sie von der Gastfreundschaft des Gaius Zeugnis abgelegt. Der Briefschreiber bittet ihn nun, sein Haus auch in Zukunft für die Missionare offenzuhalten, deren Arbeit er, der Älteste, leitet und überwacht. Sie sind auf solche Stützpunkte angewiesen, wo

deine Liebe Zeugnis abgelegt. Du wirst gut daran tun, wenn du sie
für ihre Reise so ausrüstest, wie es Gottes würdig ist. 7 Denn für sei-
nen Namen sind sie ausgezogen und haben von den Heiden nichts
angenommen. 8 Darum sind wir verpflichtet, solche Männer aufzu-
nehmen, damit auch wir zu Mitarbeitern für die Wahrheit werden.

ZURECHTWEISUNG DES DIOTREPHES: 9–10

9 Ich habe der Gemeinde geschrieben. Aber Diotrephes, der unter
ihnen der Erste sein will, erkennt uns nicht an. 10 Deshalb werde ich,
wenn ich komme, an sein Tun und Treiben erinnern. Mit bösen Wor-

man sie gastlich aufnimmt und sie mit dem Nötigsten ausstattet, das ihre Weiterreise oder Rückreise ermöglicht. Diese Bitte ist wahrscheinlich um so dringender, als in der Nähe von Gaius ein solcher Stützpunkt kürzlich ausgefallen sein dürfte. Die Bitte des Ältesten schließt also ein, daß Gaius für dieses Werk in Zukunft noch mehr tut als zuvor. Das setzt aber voraus, daß er über die Mittel verfügt, das Missionswerk der Muttergemeinde, »wie es Gottes würdig ist«, das heißt großzügig zu unterstützen.

7f Hier weist der Absender darauf hin, daß die Missionare von den Heiden, denen sie die Heilsbotschaft ausrichten, keine Spenden annehmen dürfen, ein Grundsatz, der sich vermutlich in der christlichen Missionsarbeit damals durchgesetzt hatte. Es liegt also an den johanneischen Gemeinden und Christen, die von der Muttergemeinde ausgesandten Missionare zu unterstützen und so brüderliche Helfer für die Ausbreitung der Botschaft zu werden.

9 Unser Briefschreiber kommt jetzt endlich auf die Gestalt zu sprechen, ohne deren Erwähnung das Vorausgehende nur schwer verständlich wäre. Hinter der Bitte an Gaius und ihrer Dringlichkeit steht das Handeln von Diotrephes. Der Älteste hat zwar in der Angelegenheit ein Schreiben an die Hausgemeinde gerichtet, der Diotrephes Gastrecht gewährt, aber ohne Erfolg. Dieser anerkennt die Weisungen des Ältesten nicht mehr. Er steht zwar nicht etwa auf der Seite der abtrünnigen Johanneschristen; denn dafür gibt es in unserm Brief keinen Anhaltspunkt. Er dürfte im Gegenteil das Missionswerk des Ältesten, das dieser auch als Bollwerk gegen die Irrlehrer ausgebaut hatte, zuerst unterstützt haben. Man kann vermuten, daß er diese Unterstützung dann einstellte, als er die Erfahrung machte, wie schwierig es war, die Werber der Abtrünnigen und die Missionare der Muttergemeinde von vornherein zu unterscheiden.

10 Der Älteste hat jedenfalls erfahren, was Diotrephes unternommen hatte, um seine Gemeinde gegen die Irrlehre zu schützen. Er entschloß sich nämlich, den johanneischen Missionaren nicht mehr Gastrecht zu gewähren und so auch den Irrlehrern das Handwerk zu legen. Um diese Maßnahme wirksam zu machen, verbot er auch den Mitgliedern seiner Gemeinde, zureisende Brüder aufzunehmen. Das mußte aber letztlich zum Bruch mit dem Ältesten, der Muttergemeinde und den anderen johanneischen Gemeinden führen.

ten hetzt er gegen uns und gibt sich damit noch nicht zufrieden; sondern er selbst nimmt die Brüder nicht auf und hindert alle daran, die es tun wollen, und schließt diese aus der Gemeinde aus.

EMPFEHLUNG DES DEMETRIUS: 11–12

11 Lieber Bruder, ahme nicht das Böse nach, sondern das Gute! Wer 1 Joh 2^{3}
das Gute tut, ist aus Gott; wer aber das Böse tut, hat Gott nicht gese- $3^{6.10}$
hen. 12 Für Demetrius legen alle und die Wahrheit selbst Zeugnis ab;
auch wir legen für ihn Zeugnis ab, und du weißt, daß unser Zeugnis Joh 19^{35}
wahr ist. 21^{24}

Es wundert uns aber, daß sich der Älteste gegen Diotrephes nur wehren will, indem er zu ihm reist, um sein Verhalten vermutlich vor der Gemeinde zu tadeln. Hier wird die ganze Schwäche offenkundig, die dem Gemeindeverständnis des Ältesten anhaftete. Eine Lage, wie sie durch die Spaltung der Muttergemeinde entstanden war, konnte auf die Dauer allein durch das Vertrauen auf die johanneische Überlieferung und den Geist, durch den Verzicht auf fähige Lehrer (1 Joh 2^{27}) und auf eine starke Gemeindeleitung kaum gemeistert werden. Gewiß war Diotrephes überstürzt und in einem harten Alleingang vorgeprellt. Aber er hatte doch einen Weg erkannt, auf den, angesichts des Aufkommens von Irrlehrern, die christlichen Gemeinden in Zukunft nicht mehr verzichten konnten, nämlich die Einführung strafferer Leitungsstrukturen, in denen die Möglichkeit lag, gegen hartnäckige Ruhestörer wirksam vorzugehen.

11 Der Älteste wendet sich wieder an Gaius. Dieser darf sich aus dem Streit, der in seiner Nähe ausgebrochen ist, nicht unentschieden heraushalten, um vielleicht dem Zorn des Diotrephes zu entrinnen. Er muß sich eindeutig für das Missionswerk des Ältesten, das ein Werk der brüderlichen Liebe ist, entscheiden. Nur wer das Gute tut, steht auf der Seite Gottes.

12 Der Brief wird Gaius von Demetrius überbracht, dem das ganze Vertrauen des Absenders gehört. Offenbar hat auch er, der Älteste, aus der entstandenen Lage etwas gelernt, indem er seinem Abgesandten eine schriftliche Empfehlung gibt. Es liegt nahe anzunehmen, daß er von jetzt an auch seine Missionare mit Empfehlungsschreiben ausgerüstet hat, damit sie sich in den johanneischen Gemeinden als vertrauenswürdige Gesandte ausweisen konnten.

13–15 Der Älteste schließt seinen Brief mit den damals üblichen Wendungen, mit denen er auch den zweiten JB geschlossen hatte. Der Friedenswunsch steht auch am Schluß einer Reihe anderer neutestamentlicher Briefe. Gaius darf in der verworrenen Lage, in die Diotrephes alle johanneischen Gemeinden gebracht hatte, vor allem auch die Nachbargemeinde, in der Gaius lebt, auf die Gabe des Friedens zählen, die Jesus seinen Jüngern zugesprochen hat (JE 14^{27} $20^{19.21.26}$). Wenn der Älteste ihm jetzt die Grüße seiner »Freunde« aus der Muttergemeinde ausrichtet und ihn bittet, jeden einzelnen »Freund« in seiner Gemeinde zu grüßen, so meint er damit wahrscheinlich alle

SCHLUSSGRÜSSE: 13–15

2 Joh 12 [13] Vieles hätte ich dir noch zu schreiben; ich will es aber nicht mit Tinte und Feder tun. [14] Ich hoffe, dich bald zu sehen; dann werden wir persönlich miteinander sprechen. [15] Friede sei mit dir! Es grüßen dich die Freunde. Grüße die Freunde, jeden einzelnen!

ihre Christen. Durch die Verwendung dieses eher ungebräuchlichen Ausdrucks läßt er Gaius und uns spüren, daß ihm in dieser Stunde der Not die menschlich erfahrbare Gemeinschaft zwischen den Gemeinden und allen johanneischen Christen ein Herzensanliegen ist.

ABKÜRZUNGEN

Alttestamentliche Bücher

Gen	Genesis
Ex	Exodus
Lev	Levitikus
Num	Numeri
Dtn	Deuteronomium
Jos	Josua
Ri	Richter
Rut	Rut
1 Sam	1 Samuel
2 Sam	2 Samuel
1 Kön	1 Könige
2 Kön	2 Könige
1 Chr	1 Chronik
2 Chr	2 Chronik
Esra	Esra
Neh	Nehemia
Tob	Tobit
Jdt	Judit
Est	Ester
1 Makk	1 Makkabäer
2 Makk	2 Makkabäer
Ijob	Ijob
Ps	Psalmen
Spr	Sprichwörter
Koh	Kohelet
Hld	Hoheslied
Weish	Weisheit
Sir	Jesus Sirach
Jes	Jesaja
Jer	Jeremia
Klgl	Klagelieder
Bar	Baruch
Ez	Ezechiel
Dan	Daniel
Hos	Hosea
Joël	Joël
Am	Amos
Obd	Obadja
Jona	Jona
Mi	Micha
Nah	Nahum
Hab	Habakuk
Zef	Zefanja
Hag	Haggai
Sach	Sacharja
Mal	Maleachi

Neutestamentliche Bücher

Mt	Matthäus
Mk	Markus
Lk	Lukas
Joh	Johannes
Apg	Apostelgeschichte
Röm	Römerbrief
1 Kor	1. Korintherbrief
2 Kor	2. Korintherbrief
Gal	Galaterbrief
Eph	Epheserbrief
Phil	Philipperbrief
Kol	Kolosserbrief
1 Thess	1. Thessalonicherbrief
2 Thess	2. Thessalonicherbrief
1 Tim	1. Timotheusbrief
2 Tim	2. Timotheusbrief
Tit	Titusbrief
Phlm	Philemonbrief
Hebr	Hebräerbrief
Jak	Jakobusbrief
1 Petr	1. Petrusbrief
2 Petr	2. Petrusbrief
1 Joh	1. Johannesbrief
2 Joh	2. Johannesbrief
3 Joh	3. Johannesbrief
Jud	Judasbrief
Offb	Offenbarung des Johannes

Sonstige Abkürzungen

ApkMos	Apokalypse des Mose
AT	Altes Testament
atl	alttestamentlich
diff	im Unterschied zu
E	Evangelist
EÜ	Einheitsübersetzung
Ev(v)	Evangelium(lien)
G	Septuaginta
gr	griechisch
Hs(s)	Handschrift(en)
joh	johanneisch
korr	korrigiert
LA	Lesart
lk	lukanisch
mt	matthäisch

mk	markinisch
NT	Neues Testament
ntl	neutestamentlich
Par	Parallele
par	parallele Stellen
pln	paulinisch
Pls	Paulus
Q	Spruchquelle
SQ	Semeia-Quelle
Syn	Synoptiker
syn	synoptisch
Übs(s)	Übersetzung(en)
vl	varia lectio

Bei Randverweisen am Bibeltext:

‖	zeigt Parallelstellen an
+	gibt die Grundstelle oder Stellen an, wo wichtige Begriffe erläutert werden.
↗	verweist auf abhängige, insbesondere ntl Stellen.

Handbücher, Sammelwerke, Zeitschriften

ACJD	Abhandlungen zum christlich-jüdischen Dialog
AncB	Anchor bible
AnGr	Analecta Gregoriana
ANRW	Aufstieg und Niedergang der römischen Welt
AThANT	Abhandlungen zur Theologie des AT und NT
BBB	Bonner biblische Beiträge
BBE	Beiträge zur biblischen Exegese und Theologie
BEThL	Bibliotheca ephemeridum theologicarum Lovaniensium
BEvTh	Beiträge zur evangelischen Theologie
BGBE	Beiträge zur Geschichte der biblischen Exegese
BHTh	Beiträge zur historischen Theologie
BiKi	Bibel und Kirche
BiLe	Bibel und Leben
Billerbeck I–IV	(H. L. Strack –) P. Billerbeck, Kommentar zum NT aus Talmud und Midrasch I–IV, München 1922–1928 (Neudrucke)
BKV	Bibliothek der Kirchenväter
BNTC	Black's New Testament commentaries
BU	Biblische Untersuchungen
BWANT	Beiträge zur Wissenschaft des AT und NT
BZ	Biblische Zeitschrift
BZNW	Beihefte zur Zeitschrift für die ntl. Wissenschaft
CBQ	Catholic biblical quarterly
CNT (N)	Commentaire du Nouveau Testament. Neuchâtel
CThM	Calwer theologische Monographien
EdF	Erträge der Forschung
EB	Die Heilige Schrift in deutscher Übersetzung: »Echter Bibel«
EKK	Evangelisch-katholischer Kommentar zum NT
EtB	Études bibliques
EThSt	Erfurter theologische Studien
FRLANT	Forschungen zur Religion und Literatur des AT und NT
FTS	Frankfurter theologische Studien
FzB	Forschung zur Bibel
GeiS	Geistliche Schriftlesung
GTA	Göttinger theologische Arbeiten
HNT	Handbuch zum NT
HThK	Herders theologischer Kommentar zum NT
HUTh	Hermeneutische Untersuchungen zur Theologie
ICC	International critical commentary

JBL	Journal of biblical literature
JETS	Journal of evangelical theological society
JThS	Journal of theological studies
KEK	Kritisch-exegetischer Kommentar über das NT
LingBibl	Linguista Biblica
LThK	Lexikon für Theologie und Kirche
MSSNTS	Monograph series. Society for NT studies
MThSt	Marburger Theologische Studien
NEB	Die Neue Echter Bibel
NT	Novum Testamentum
NTA	Neutestamentliche Abhandlungen
NTD	Das Neue Testament Deutsch
NT.S	Novum Testamentum. Suppl.
NTS	New testament studies
ÖTK	Ökumenischer Taschenbuch-Kommentar zum NT
PThMS	Pittsburgh theological monograph series
QD	Quaestiones disputatae
RNT	Regensburger Neues Testament
SBM	Stuttgarter biblische Monographien
SBS	Stuttgarter Bibelstudien
SKK	Stuttgarter Kleiner Kommentar
SN.S	Studia neotestamentica. Subsidia
SNTU	Studien zum NT und seiner Umwelt
SRBib	Supplementi alla Rivista Biblica
StANT	Studien zum AT und NT
StNT	Studien zum NT
StUNT	Studien zur Umwelt des NT
ThF	Theologische Forschung
ThGl	Theologie und Glaube
ThHK	Theologischer Handkommentar zum NT
ThPh	Theologie und Philosophie
ThQ	Theologische Quartalschrift
ThR	Theologische Rundschau
ThRv	Theologische Revue
ThWNT	Theologisches Wörterbuch zum NT
ThZ	Theologische Zeitschrift
TRE	Theologische Realenzyklopädie
TThST	Trierer theologische Studien
TU	Texte und Untersuchungen zur Geschichte der altchristlichen Literatur
WB	Welt der Bibel
WMANT	Wissenschaftliche Monographien zum AT und NT
WSB	Wuppertaler Studienbibel
WUD	Wort und Dienst
WUNT	Wissenschaftliche Untersuchungen zum NT
ZBK	Züricher Bibelkommentar
ZNW	Zeitschrift für die neutestamentliche Wissenschaft
ZThK	Zeitschrift für Theologie und Kirche

Zeitschriftenstimmen zu Kommentaren der Neuen Echter Bibel

Band 1
Rudolf Schnackenburg
MATTHÄUSEVANGELIUM 1–16,20
156 Seiten, Broschur

»Der Würzburger Neutestamentler und Herausgeber der Neuen Echter Bibel bietet einen fundierten Kommentar zum Matthäusevangelium, das in der alten Kirche den größten und tiefsten Einfluß unter allen neutestamentlichen Schriften ausgeübt hat. Neben Gestalt, Aufbau, Quellen und redaktioneller Gestaltung des Textes arbeitet er das geistliche Milieu und die Herkunft, Zeit und Umstände der Abfassung heraus. Wichtig sind ihm das Verhältnis von Israel, Judentum und Kirche und die Bedeutung des Petrus. Die Theologie des Matthäusevangeliums behandelt die Punkte: Christologie, altes Gesetz und neue Gerechtigkeit, Heilsgeschichte und Endvollendung.
Aktualität gewinnt es gerade heute durch die Forderungen der Bergpredigt.«

Bibel und Kirche

Band 4
Joachim Gnilka
JOHANNESEVANGELIUM
164 Seiten, Broschur

»Dieser Band ist eine ganz positive Überraschung. Er zeigt, wie man trotz des fast nicht mehr zu überschauenden Forschungsmaterials das vierte Evangelium ausgewogen, kurz und präzis – und sogar mit Erwähnung bedeutsamer Interpreten der Kirchengeschichte (z.B. Thomas v. Aquin und Martin Luther) – erläutern kann. Zunächst wird der Text nach der Einheitsübersetzung geboten. Dann folgt eine blockartige Zusammenfassung literar-, form- und traditionskritischer Beobachtungen. Daran schließt sich die eigentliche Interpretation an. Am Ende wird noch die Wirkungsgeschichte des Textes angedeutet und so Anregung für Predigt und Meditation gegeben.«

Bibel heute

Band 6
Rudolf Pesch
RÖMERBRIEF
112 Seiten, Broschur

»Rudolf Pesch ... hat einen unglaublich dichten Römerbriefkommentar geschrieben. In einer ausführlichen Einleitung legt er zunächst Anlaß und Hintergrund dieser für Paulus und seine Theologie zum Testament gewordenen Schrift dar. Die fortschreitende Auseinandersetzung mit judenchristlichen Gegnern und deren Kampagne für die Unterwerfung unter das Gesetz zwingt Paulus, seine ›gesetzesfreie Heidenmission‹ zu verteidigen und seine Sicht der Einheit zwischen Juden- und Heidenchristen darzulegen. Diesem Anliegen ist der erste Hauptteil des Briefes (Kap. 1–11) gewidmet ... Ein Blick auf das Corpus der paulinischen Briefe verdeutlicht dabei den Weg, den Paulus in seinem Denken genommen hat. Der zweite Teil des Briefes zieht aus dieser ›summa‹ Konsequenzen für die Gemeinde in Rom ... Die dichtgedrängte und mit Querverweisen gespickte Einzelauslegung untermauert dann die vorher dargelegten Grundlinien.«

Bücherbord, Graz